Fritz Warfelmann

Die althochdeutschen Bezeichnungen für die Gefühle der Lust und der Unlust

Fritz Warfelmann

Die althochdeutschen Bezeichnungen für die Gefühle der Lust und der Unlust

---

ISBN/EAN: 9783845741369

Erscheinungsjahr: 2012

Erscheinungsort: Barsinghausen, Deutschland

www.unikum-verlag.de | info@unikum-verlag.de

Printed in Germany

Bei diesem Titel handelt es sich um den Nachdruck eines historischen, lange vergriffenen Buches. Da elektronische Druckvorlagen für diese Titel nicht existieren, musste auf alte Vorlagen zurückgegriffen werden. Hieraus zwangsläufig resultierende Qualitätsverluste bitten wir zu entschuldigen.

Fritz Warfelmann

Die althochdeutschen Bezeichnungen für die Gefühle der Lust und der Unlust

Die althochdeutschen Bezeichnungen für die Gefühle der Lust und der Unlust

Inauguraldissertation der hohen philosophischen Fakultät der Königlichen Universität Greifswald zur Erlangung der philosophischen Doktorwürde vorgelegt von

Fritz Warfelmann.

Greifswald
F. W. Kunike
1906.

Gedruckt mit Genehmigung der philosophischen Fakultät der Universität Greifswald. Geheimer Regierungsrat Professor Dr. Seeck, Dekan.

Referent: Geheimer Regierungsrat Prof. Dr. Al. Reifferscheid.

Dem Andenken meiner lieben Mutter.

Einleitung.

An die Vergangenheit eines Volkes darf man keinen durch die Ergebnisse langer kulturhistorischer Entwicklung bestimmten Masstab anlegen; man muss in ihr Gefühlsleben einzudringen suchen, um zu einem richtigen Urteil zu gelangen. Das ist nicht immer leicht, denn die litterarischen Denkmäler geben selten ausreichende Aufschlüsse. Das zeigt sich besonders deutlich bei der sogenannten althochdeutschen Periode unserer Vorzeit. Das einzige grössere litterarische Denkmal, Otfrids Evangelienbuch, muss selber aus der Zeit seiner Entstehung beurteilt werden. Die übrigen Litteraturdenkmäler sind noch unzulänglicher. Um so willkommenern Aufschluss geben die zahlreichen althochdeutschen Glossen und die verschiedenen althochdeutschen Übersetzungen lateinischer Vorlagen. Wie im Spiegelbild das Objekt, so tritt uns im Wortschatze der Sprache das Gefühlsleben einer Zeit greifbar entgegen. Die vorliegende Arbeit will hier zufassen; sie will aus dem Sprachschatze vornehmlich des achten und neunten Jahrhunderts heraus Beiträge zur Kenntnis und zum Verständnis des althochdeutschen Gefühlslebens gewinnen.

Es ist nicht angebracht, sämtliche in althochdeutscher Zeit entwickelten und sprachlich ausgedrückten Gefühle in den Bereich dieser Betrachtungen zu ziehen. Praktische Rücksichten, die der modernen Psychologie Rechnung tragen und sich im weiteren Verlaufe der Arbeit rechtfertigen, drängen dazu, nur die Ausdrücke für die Gefühle der Lust und der Unlust zum Gegenstande der Untersuchung zu machen.

Den natürlichen Ausgangspunkt bieten die lateinischen Wörter, die durch deutsche übersetzt werden und über deren Bedeutung man ziemlich im Klaren ist. Dabei ist ein Kompromiss nicht zu vermeiden. Die Übersetzung gibt ein Wort nur selten in seiner ganzen Praegnanz wieder. Verengungen oder Erweiterungen eines Begriffes sind in vielen Fällen nicht zu umgehen. Oft lässt sich ein Wort überhaupt nicht übersetzen, sondern nur unter Heranziehung ähnlicher Begriffe in groben Umrissen wiedergeben. So schwerwiegend solche Mängel auch ins Gewicht fallen, sie müssen als unvermeidlich mit in den Kauf genommen werden.

Da die meisten Wörter der Ausgabe der althochdeutschen Glossen von E. Steinmeyer und E. Sievers entnommen sind, so ist der Raumersparnis wegen in allen diesen Fällen ohne weiteren Zusatz nur Band, Seite und Zeile angegeben. In allen anderen Fällen ist die Quelle bezeichnet.

Dkm. = Denkmäler deutscher Poesie und Prosa aus dem VII.—XII. Jh. herausgegeben von K. Müllenhoff und W. Scherer. 3. Ausgabe von Steinmeyer. Die hinzugefügte römische Zahl gibt das gemeinte Denkmal an.

Hatt. = Denkmale des Mittelalters herausgegeben von Hattemer.

Is. = Der althochdeutsche Isidor herausgegeben von G. A. Hench.

M. Fr. = The Monsee fragments ed. by G. A. Hench.

M. H. = Murbacher Hymnen herausgegeben von E. Sievers.

M. S. = Altdeutsche Sprachproben herausgegeben von K. Müllenhoff.

Otfr. = Otfrids Evangelienbuch.

Tat. = Tatian herausgegeben von E. Sievers.

Die erste Aufgabe ist eine Sammlung der überkommenen althochdeutschen Bezeichnungen für die Gefühle der Lust und der Unlust, unter Zugrundelegung des Lateinischen in alphabetischer Ordnung. Die dem Lateinischen in Klammern beigefügten neuhochdeutschen Bedeutungen greifen in fast allen Fällen auf Georges, Ausführliches lateinisch-deutsches Wörterbuch zurück. Zur Ergänzung wurden Forcellini, Totius Latinitatis Lexicon und Du Cange, Glossarium mediae et infimae Latinitatis herangezogen.

Der zweite Teil der Arbeit klassificiert die gesammelten Bezeichnungen auf Grund moderner Psychologie und zieht hieraus das Facit.

Am Schlusse gibt ein althochdeutscher Index die Möglichkeit leichter Orientierung.

A. Sammlung.

abhorrere (zurückschaudern, verabscheuen). I, 42, 1 aborret: ingruet. — I, 580, 47 abhorrebit: intuuerdot; vgl. II, 119, 40. — I, 580, 47: firesiht. — I, 701, 44 abhorrescant: irgruvison. — I, 701, 44: irehoment. — II, 87, 10 aborrent: uuidaront. — I, 42, 1 aborret: uuidar ruzzit.

abominare, abominari (etwas Ungünstiges von sich hinwegwünschen, verabscheuen). I, 272, 8 abhominor: abahon (vgl. aversari). — I, 2, 29 abhominat: faruuazzit; vgl. I, 22, 23; 38, 7; 120, 32. — I, 2, 29: laidazit; vgl. I, 22, 23. — I, 272, 8 abhominor: leidlichen (vgl. aversari). — II, 584, 14 abhomineris ut: lethitios — IV, 27, 10 abhominatus: leitsamer; vgl. IV, 111, 19; 128, 10. — III, 412, 43 abominatur: wideret.

abominatio (Verabscheuung, Abscheu). IV, 180, 8: verwazzenunge. — Tat. 145, 11 abominationem: leidazunga. — Tat. 106, 7 (quod hominibus altum est) abhominatio (est ante deum): leidlich. — I, 271, 56 abhominationes: leidnissa. — I, 372, 22 in abominationibus: leitsamiden; vgl. IV, 260, 38.

acedia (mürrisches Wesen, üble Laune). IV, 180, 25: falehait (vgl. cura). — I, 584, 15 accidie: slaffida; vgl. IV, 180, 25. — III, 360, 41 accidia: tracheit; vgl. III, 223, 41; IV, 180, 14; 25. — IV, 29, 2: ungemut. — IV, 128, 22 accedia: ungevurt; vgl. IV, 29, 2. — II, 318, 13 accidia: unstillida. — I, 587, 11 acidie: urlust. — II, 53, 35: zurlust; vgl. II, 365, 19.

acediari (mürrisch sein). IV, 195, 11 acedior: bittron. — I, 584, 26 ne acidieris: ni trakees; vgl. I, 585, 16. — IV, 278, 8 acidieris: zurlustes; vgl. I, 567, 10.

acer (heftig, leidenschaftlich, grimmig). II, 611, 33 acriter: geremizzo. — II, 612, 16: gremeclicho. — II, 226, 48 acrius: krimmor; vgl. I, 10, 39; II, 232, 5. — I, 10, 39 acer: sarpher.

acerbitas (Bitterkeit, gehässige Strenge). IV, 157, 35: barzunga (vgl. rancor). — II, 153, 50: einfieori (vgl. rancor). — II, 75, 6 acerbitate: grimmi. — I, 12, 2 acerbitas: sarphida (vgl. ferocitas, severitas).

acerbus (rauh, abstossend, grimmig). I, 12, 6 acervum: crim; vgl. I, 184, 14. — II, 757, 44 acerbo: hantago. — I, 184, 14 acervum: sarf.

1*

acharis (zornig; zum hebräischen Worte **achar** turbatio). I, 573, 14: grimmer.

acuere (leidenschaftlich erregen, aufreizen). IV, 350, 28 acuunt: ergrement.

adamans (lieb gewinnend, liebend). I, 6, 36: minneonti.

adoptare (hinzuwünschen.) I, 271, 18 adoptantes: zuauunscante.

aemulari (zu erreichen streben, nacheifern, neidisch nacheifern, eifersüchtig sein). I, 601, 21 non emulabitur: ni apanstot. — I, 601, 21: niht erban. — M. Fr. 29, 20 non aemulatur: nist abulgi. — IV, 9, 19 non emmulatur: nist abulgic; vgl. M. Fr. 29, 13. — I, 28, 6 aemulo: antharom. — IV, 274, 41 aemulari: bilidan; vgl. I, 515, 63. — I, 601, 21 non emulabitur: niht binestunt. — I, 541, 13 ne emuleris: ni ellinoes; vgl. I, 585, 56; 743, 67; 808, 13. — IV, 274, 41 aemulari: hazzan; vgl. I, 515, 63; 810, 13. — II, 440, 54 emulando: leisamunto. — I, 623, 4 non emulabitur: ni nigantscafoht. — I, 743, 67 emulantes: uigidunta.

aemulatio (Nacheiferung, Eifersucht, Missgunst). II, 733, 22: antron. — I, 28, 11: antharunga. — Dkm. LVI, 39 aemulationes: anthruoft. — II, 733, 22 emulatio: pilidon. — II, 51, 1 emmulationes: pulahti. — II, 209, 36 aemulationis: ellinodes; vgl. II, 205, 71; 211, 65; Hatt. I, 123. — I, 808, 15 emulatione: ellinungo; vgl. I, 772, 3 (vgl. invidia). — IV, 141, 10 emulatio: missehellunga. — II, 185, 9 (nisi) aemulationis (spiritu ferveat): girihhes. — II, 343, 58 emulationem: hazzunga. — II, 233, 42 aemulationem: sterchi. — II, 126, 71: strit.

aemulator (Nacheiferer, Eiferer). II, 219, 38 aemulatoris: antontes. — I, 805, 19: pilidari. — I, 805, 19: ellinari; vgl. I, 336, 75; 761, 39. — I, 680, 1 emulator: rechari.

aemulus (nachstrebend, nacheifernd, neidisch, eifersüchtig). I, 591, 22 aemuli: abunstiga; vgl. I, 784, 28. - I, 28, 4 aemulus: antharonti. — II, 417, 12 emula (lux): daz pilidara. — II, 542, 74 aemula: pilidlihiu; vgl. I, 555, 22. — I, 409, 1 emula: olla; vgl. I, 396, 8; 409, 24; IV, 265, 16. — I, 311, 43 emule: ellinari; vgl. I, 311, 6. — IV, 112, 6 aemulus: gelle; vgl. I, 278, 78; 396, 8; 397, 17; III, 273, 38; 426, 23; IV, 129, 23. — II, 654, 50 emula: fiantlihiu. — I, 397, 17 emulum: ginoz. — II, 707, 60 emula: iligiu. — I, 784, 28 emulorum: nidigir. — II, 456, 47 emulas: ratana.

aestuare (in leidenschaftlicher Bewegung, Erregung sein, in ängstlicher Besorgnis sein). II, 299, 37 (pro coelestibus) aestuari: arpeitan. — II, 490, 23 (mens) aestuans (procellis): hizonti. — II, 447, 10 (spes si qua tibi est, si quid intus) aestuas: soragos. — II, 439, 64 estuante nupta: vuotantero quenun.

aestus (innere Erregung, innerer Drang, sorgliche Unruhe, ängstliche Besorgnis). II, 284, 49 (magno) aestu (desiderii petimus): agaleizi. -- II, 165, 9 (quisquis avaritiae) aestibus (anhelat): angustan. -- II, 278, 9: hizun; vgl. II, 307, 66; M. H. 4, 4, 2.

affectare (erstreben, Gelüste tragen nach). II, 107, 8 affectant: geront: vgl. II, 98, 37; 108, 55; 145, 13; 200, 52. -- II, 621, 48 affectaret giliopti. — II, 145, 13 affectant: liubont; vgl. I, 42, 20. — II, 98, 37 affectantes: lustonti; vgl. II, 108, 55. — II, 645, 61 (viamque) affectat (Olympo): machot; vgl. II, 82, 12 (vgl. appetere); 84, 50; 87, 42; 94, 30; IV, 320, 28. — II, 177, 53 affectant: minnont; vgl. II, 220, 6; IV, 222, 9. — II, 61, 23 minime affectat: ne vuillot; vgl. II, 78, 61; IV, 112, 11; 317, 4 (vgl. desiderare).

affectio (Liebe). IV, 129, 29: minna: vgl. II, 102, 46; 116, 56.

affectus (Verlangen, Liebe). II, 321, 52 affectus (presentis seculi): gero. — II, 72, 6 affectuum: kiridono; vgl. IV, 314, 25. — II, 67, 27 affectu: lusto; vgl. II, 331, 8. -- II, 461, 43 affectus: lustunga. — II, 770, 21: gilust. — II, 270, 44: minna; vgl. II, 51, 18; IV, 3, 38; Hatt. I, 38, 55. — IV, 30, 29: giminne. — II, 52, 21 affectum: muotscaf; vgl. IV, 315, 3. — II, 146, 52 affectu: motluba. - IV, 4, 36 affectum: uuillo; vgl. II, 53, 15; 273, 65; 331, 8. — IV, 3, 38: muotuuillo.

afflictio (Bedrängung, Demütigung). II, 290, 3 afflictionibus: arapeitun. — II, 195, 7 afflictio: haramscara. — IV, 2, 2 adflictioni: neizzesoli; vgl. II, 314, 16. — II, 320, 51 afflictio: uuogislo.

affligere (hart mitnehmen, quälen). I, 488, 34, afflicta: biturni. — I, 120, 41 adfligit: duingit; vgl. I, 40, 24; 29: 32; 264, 35. — I, 40, 27 adflictus: pidungan; vgl. II, 273, 52. -- Hatt. I, 79 adfligantur: sin koneizzit. — I, 40, 24 adfligor: kauuizinot pim; vgl. I, 40, 27. — IV, 232, 26 affligo: ih mvo.

agitare (antreiben, reizen, beunruhigen). II, 593, 13 (furor) agitat (mentem): gigruozit. — II, 487, 11 agitas (quieta corda): muost. — II, 419, 44: gimuist. — II, 664, 46 agitat mihi: spenit mih.

alacer (freudig, lustig, munter). I, 8, 3: fraor. — II, 757, 15: gazal; vgl. III, 223, 68. — II, 484, 45 alacres: horschiu. — II, 764, 45: alahorske. — I, 8, 3 alacer: sneller.

amans (liebend, liebevoll). I, 50, 12 amantia: minnecontlih. — I, 50, 12: minnontlihhiu. — IV, 261, 29 amantissimus: minne.

amare (lieben). II, 406, 67 amatam: uriudila; vgl. II, 466, 29. — Otfr. V, 5, 28 für amas me?: is thaz herza thinaz mir holdaz? — II, 372, 1 amabo: liebo; vgl. II, 376, 5. — I, 649, 3 amare: heizo minnon; vgl. I, 78, 40; II, 2. 37; 312, 29; Tat. 34, 1; 135, 2; 22; 139, 3; 238, 1; 2. 3; Otfr. III, 24, 71; V, 15, 17; Hatt. I, 38; 42; 44 (3×); 45; 52; 121. — Otfr. V, 15, 5 für amo te: thaz ih minna haben thin.

amaricare (erbittern, reizen). II, 283, 17 amaricati: capittarte. — II, 283, 17: geseri. — II, 194, 76: giseragota.

amaritudo (Bitterkeit, bitteres Gefühl, Erbitterung, Gereiztheit). I, 26, 35: pittri. — I, 26, 35: crimmi; vgl. I, 770, 16. — I, 533, 16 amaritudine: sere. — I, 451, 24 in amaritudine: in seragi: vgl. I, 491, 19; 533, 16; 610, 30; 616, 50; 814, 48.

amasio (Liebhaber). IV, 32, 26: fridolo; vgl. II, 403, 25; 488, 66; 509, 7; 536, 54; 562, 35; 573, 25; 580, 38; IV, 130, 1.

amator (Liebhaber). II, 304, 1 amatores: friudila; vgl. I, 626, 59; II, 194, 10. — II, 332, 5 amatoris: charlom; vgl. II, 330, 39.

ambire (als Bittsteller herumgehen, begehren). II, 697, 6 ambire, blandiciis circumvenire: petummen. II, 528, 29 ambit: kerot; vgl. II, 311, 60; IV, 324, 38. — II, 28, 50 ambiat: luste.

ambitio (eifriges Streben, Buhlen). I, 693, 51 ambitione: erstrebunga. — II, 131, 67 ambitioni: frechi. — II, 308, 40 ambitio: kerni; vgl. II, 307, 30. — IV, 2, 29 ambizionis: kiri; vgl. II, 741, 26; Is. 35, 1. — II, 579, 9 ambitionis: scazgirithu; vgl. II, 56, 27. — IV, 323, 50 ambitioni: uueraltkiridu; vgl. II, 102, 6; 115, 56.

ambitiosus (eifrig strebend, haschend nach). II, 470, 24 ambitiosa: frehhiu. — IV, 130, 5 ambitiosus: gerer. — IV, 4, 35 ambitiosa: kiri; vgl. IV, 9, 20; M. Fr. 29, 14; 28. — II, 34, 5 ambiciose: girlicho. — IV, 32, 30 ambitiosus: hergirger. — I, 761, 37 ambitiosa: kitag. — I, 16, 6 ambitiosus: listiger (vgl. cupidus).

ambitus (Streben, Haschen nach). II, 208, 62: kirida; vgl. II, 209, 56; 290, 17; 308, 46; 730, 59.

amens (nicht bei Sinnen, ausser sich, rasend). I, 110, 16 amentium: ainhartero. — II, 707, 16 amens: erquemoner. — II, 733, 39 amentes: toponte; vgl. II, 733, 28. — I, 110, 16 amens: uuotenti.

amentia (Sinnlosigkeit, Raserei). I, 117, 1 in amentia: in uuoti.

amor (Liebe, Verlangen, Lust). II, 543, 28 amoris: giluste; vgl. II, 407, 11; 467, 40. — II, 527, 42 amor: huor. — II. 30, 58 amore: duroh liubi. — II, 39, 2 auri cessat amor, qui pectora semper adurit: gestillet di minne des goldes, de di bruste alledane brinnet; vgl. II, 321, 50; Is. 29, 15; M. Fr. 29, 27; 37, 25; Hatt. I, 43; 46; 57; 119. — IV, 30, 29 amor: giminne (vgl. affectus).

amplecti (ins Herz schliessen, lieben). II, 286, 58 (dum enim honorem) amplectitur: minnot; vgl. II, 604, 6.

angere (ängstigen). I, 36, 21: angan; vgl. I, 257, 24. — IV, 3, 2 angit: angustit. — I, 28, 17 anxierimus: arangustemes. — I, 272, 66 angebat: kiangusta. — I, 272, 66: kiunfreuuita. — I, 36, 21 angere; sorgen: vgl. IV, 244, 15. — IV, 33, 45 angit: tvvingit; vgl. II, 616, 43:

IV, 327, 14. — IV, 33, 45: betwinget; vgl. II, 614, 8; IV, 112, 24; 130, 38. — I, 413, 1 angebant: uuizzinoton.

angor (Angst, Unruhe). I, 6, 8: angidha. — I, 6, 8: angust. — I, 6, 13 angore: kiduungani. — I, 6, 8 angor: sorga. — IV, 3, 61: unfroi; vgl. IV, 4, 16 (vgl. tristitia).

angustare (beängstigen). I, 764, 12 non angustiamini: ne angestent. — IV, 196, 30 angustor: thuingon. — II, 266, 45 angustat: piduingit; vgl. II, 2, 38; 171, 21; 191, 9; 269, 47; 278, 29.

animositas (Leidenschaftlichkeit). I, 587, 17: muatiki. — II, 604, 29 animositate: michilmuoti; vgl. I, 564, 21; 584, 7. — II, 93, 20 animositas: missimuoti. — II, 604, 29 animositate: uparmuoti; vgl. I, 564, 21; IV, 167, 58.

animosus (ungestüm, hitzig). II, 743, 9 animose: hiezmoto. — II, 443, 50 animosa: mihilmuotigiv. — IV, 130, 47 animosus: michilmvoter. — II, 443, 50 animosa: muothafta.

anxiari (sich ängstigen, sich kümmern). I, 112, 20 dum anxiaretur: danne anget. — I, 6, 9 angsior: angustit. — I, 112, 20 dum anxiaretur: do uuas caangustit.

anxietas (Ängstlichkeit). I, 30, 11: angida. — IV, 130, 61: angust; vgl. I, 6, 14; III, 224, 47; IV, 34, 28. — II, 60, 30: forahta. — II, 60, 30: giluht; vgl. II, 71, 28.

anxius (ängstlich). Dkm. LVI, 41: angustenter; vgl. Hatt. I, 121. — III, 384, 65: anclamer oder anclumer. — M. H. 15, 4, 2 anxii: angustlichera; vgl. II, 168, 40; IV, 3, 5; M. Fr. 29, 23.

appetentia (Begehren, Verlangen). III, 223, 57: girde.

appetere (begehren, verlangen). II, 174, 4: geron; vgl. II, 187, 5; 200, 47; 209, 3; 236, 1; 250, 38; 307, 49. — II, 277, 45: gigeron; vgl. II, 401, 67; 421, 63; 478, 8. — II, 119, 31 adpetitus: ginidoter. — IV, 3, 14 appetunt: choront. — II, 330, 66: lustont. — II, 84, 50: machont (vgl. affectare). — M. Fr. 29, 21 appetit: ruohhet. — II, 330, 66 appetunt: sochant. — II, 182, 3 appetendo: gisuohanto; vgl. II, 219, 17.

appetitor (begehrend). IV, 131, 1 apetitor: kerari.

appetitus (Begehren, Verlangen). I, 316, 13 adpetitus eius: cauuurt siniu. — I, 312, 3 adpetitus: kerni. — I, 271, 36: kirida; vgl. I, 318, 14; II, 284, 15. — II, 318, 15 apetitus: lust; vgl. I, 316, 13; II, 307, 33.

ardens (heiss verlangend, glühend vor Eifer, Verlangen, Zorn). M. Fr. 29, 29 ardenter ad sua satagit: ist brinanti ira za zilenne. — II, 194, 17 ardentius: geror; vgl. II, 194, 30. — II, 432, 47 ardenter: gerohafto. — II, 471, 43 (exercitus) ardens: iligaz. — II, 174, 54 ardentius: zorneger.

ardere (entbrannt sein in Verlangen, Liebe, Zorn). Otfr. V, 10, 29 für cor ardens erat: thaz herza bran in in; vgl. Tat. 229, 1. — II, 675, 9 ardebat: minnota. — II, 446, 40 ardens: zurnanter; vgl. II, 548, 13.

ardescere (entbrennen in Verlangen). II, 718, 60 ardescit: gorode.

ardor (glühendes Verlangen). II, 469, 49: girida. — II, 527, 37: minna.

asper (barsch, abhold, zornig). IV, 112, 43 aspera: hantigiu (vgl. iracundus). — IV, 112, 43: sarphiu (vgl. iracundus).

aspernari (abweisen, verschmähen, nichts wissen wollen von). I, 44, 35 aspernatur: farhukit. — I, 44, 35: uparhukit. — I, 817, 61 aspernabantur: leideztun. — II, 249, 39 aspernabatur: leidlicheta. — Tat. 118, 2 aspernabantur: uozurnitun.

aspernatio (Abweisen, Verschmähung). I, 586, 60: farmana. — I, 585, 14: farmanenti.

atrox (grimmig, wild, unbarmherzig). I, 12, 19: einstritanti (vgl. crudelis). — I, 261, 37: aariupo (vgl. trux). — II, 231, 4 atrociter: pittro. — IV, 230, 11 atrox: grimmer (vgl. severus); vgl. I, 156, 34; 467, 28; 468, 36; II, 231, 4; 292, 35; 445, 15; 611, 53. — II, 439, 13: chuonna. — I, 12, 19: ungahiurer (vgl. crudelis); vgl. I, 12, 24. — II, 291, 23 atrociores: vuassorun; vgl. II, 292, 35. — I, 469, 32 atrociter: uuasliho. — I, 12, 24 atrocem: uuidarquetum. — III, 385, 21 atrox: wudrich (vgl. truculentus).

atterere (schwächen, erschöpfen, hart mitnehmen). II, 193, 11 (si populum fames) attereret: piduvngi: vgl. II, 289, 37. — I, 503, 61 atteritur: firchnusit wirt. — II, 209, 55 (dum cor ex memoria infirmitatis) atteritur: firmulit wirdit; vgl. II, 208, 55. — I, 32, 15 attritus: farthrosgan. II, 171, 53 atteritur: giharmscarot; vgl. I, 503, 61; II, 188, 40; 191, 45. — II, 289, 37 (caro) atteritur: gineizit; vgl. II, 231, 13; 224, 11. — II, 289, 37: ginerit. — II, 266, 4 (percussionibus) attriti: ginidarte. — II, 604, 35 adtereret: ginichti; vgl. I, 453, 41; II, 169, 21; 289, 37. — I, 32, 15 attritus: phinot.

attonitus (bestürzt, erschrocken). II, 438, 26 attoniti: arquemana. — II, 49, 14: adtonitis: egisontem. — II, 49, 14: forahtagen. — II, 755, 47 attonita: arpruttero. — II, 636, 2 attonitus: giprutter; vgl. II, 641, 69. — I, 503, 1 attonitos (oculos): stornentiv; vgl. I, 534, 47. — I, 503, 1: irstorintho.

austeritas (düsteres Wesen, Unfreundlichkeit). I, 26, 33: abohnassi (vgl. severitas). — II, 434, 21: arendi. — II, 735, 21: grimmi. — IV, 4, 18: herti. — II, 434, 21: sarphi; vgl. II, 403, 6; IV, 4, 18 (vgl. severitas).

austerus (finster, unfreundlich). II, 85, 52 austerius: arendor; vgl. II, 83, 28; 102, 8; IV, 323, 51; 319, 18; 437, 1. — Tat. 151, 7 austerus: grim; vgl. I, 26, 36; 818, 13; IV, 310, 14. — IV, 321, 50 austerius: grimlihor (vgl. saevus); vgl. II, 87, 7; 89, 67; 90, 6. — III, 493, 45 austerum: handach. — III, 350, 26 austerus: scharfer; vgl. III, 144, 9; 188, 35; IV, 132, 41. — III, 413, 29: serpher: vgl. IV, 38, 47; 167, 30.

avaritia (Gier, Geiz). II, 59, 1: arigi; vgl. II, 66, 43; IV, 316, 34. —

I, 272, 5: frechi; vgl. M. H. 8, 6, 3. — II, 148, 41 avaritiae: thera frihhida (vgl. cupiditas). — II, 148, 41: girida (vgl. cupiditas); vgl. Tat. 84, 9; 105, 1. — II, 314, 37 avaritia: nefkiri. — II, 320, 20: scazgirida.

avarus (gierig, geizend). III, 5, 6: argor. — II, 593, 58: der frecho; vgl. II, 626, 40 (vgl. cupidus); IV, 132, 16.

aversari (sich aus Unwillen, Verachtung auf die Seite wenden, verschmähen). I, 272, 8 aversor: abahon (vgl. abominari). — II, 290, 44 adversetur: irpalgit vuerde. — I, 322, 42 aversor: leidizo; vgl. I, 328, 48; IV, 38, 26; 132, 25. — I, 272, 8: leidlihon (vgl. abominari). — I, 406, 24 aversatus est eos: leidota sea.

aviditas (Begierde, Gier, Sucht). II, 48, 24 aviditate: urechi. — II, 614, 15: giri; vgl. I, 747, 41. — I, 747, 41: girida. — II, 746, 6 aviditates: kitiki.

avidus (gierig, geizend, erpicht auf). IV, 2, 21: ehtic. — IV, 132, 29: frecher; vgl. II, 298, 3. — II, 350, 20 avidi: keroe. — I, 32, 24 avidus: kiri (vgl. cupidus); vgl. II, 769, 26. — II, 260, 6 avide: kirilicho. — II, 298, 3 avidius: kitagor. — II, 298, 3: suzlihor; vgl. II, 315, 1.

bacchari (bacchantisch schwärmen, toben, rasen). III, 301, 39 bachor: dobon (vgl. grassari, saevire); vgl. III, 276, 26. — II, 3, 46 bacchatur: uuotit; vgl. I, 383, 61; II, 16, 62. — I, 387, 3 baccati sunt: uuunnun.

benevolus (wohlwollend, gütig, gewogen). II, 227, 24 benivoli: enstige.

benignus (gütig, mild, liebevoll). II, 315, 4 benignum: enstic. — M. Fr. 29, 12 benignus: frumasam; vgl. M. Fr. 29, 18. — I, 753, 65 benigne: minnihafto. — I, 753, 65: minniclichen. — IV, 133, 6: williger. — IV, 40, 17: vvolvvilliger.

bilis (Zorn, Unwille). I, 60, 7: zoakaratan (vgl. iracundia).

blandimentum (Schmeichelei, Liebkosung, Einladung zum Genuss). II, 276, 26 blandimentis: lohungun; vgl. III, 225, 60. — II, 295, 43 blandimentum: mammonti; vgl. II, 163, 54. — I, 479, 36 blandimento: mendilungo. — I, 479, 36: mendilunto. — Hatt. I, 38 blandimenta: slehtiu. — Hatt. I, 39 blandimentis: slehtidoom.

blandiri (schmeicheln, zum Genuss anlocken). I, 224, 26 blanditur: flehot; IV, 11, 37 (vgl. palpare); 292, 31. — II, 283, 29: gifrouvit. — I, 531, 8: lindit. — I, 386, 6 blandire: lindehose. — II, 196, 28 blandiuntur: listent; vgl. I, 386, 6; 531, 8; 616, 3; IV, 263, 27. — IV, 133, 22 blandior: ich locho; vgl. II, 67, 33 (vgl. demulcere); 72, 41. — II, 209, 58 blandiuntur: liblochont; vgl. II, 202, 47. — IV, 316, 30 tibi blanditur: liblucbta (vgl. demulcere). — II, 750, 1 blandientis mammuntes. — II, 223, 21 blandiens: trostenti.

blanditia (Schmeichelei, Liebkosung). I, 273, 14 blanditiis: flehom; vgl. I, 302, 1. — IV, 41, 1 blanditia: lochunga; vgl. IV, 133, 20.

calcare (aus Hohn mit Füssen treten, verachten). IV, 7, 18: pitrettan (vgl. mulcare, vexare). — I, 702, 31 calcabatur: firtretin wart. — II, 549, 68 calcas: firmanes; vgl. I, 702, 31: II, 123, 33; 283, 27.

calere (aufgeregt, entbrannt sein). IV, 126, 52 calens: stredenter (vgl. fervidus, iracundus).

calor (leidenschaftliche Hitze, Eifer, heftige Liebe, Liebesglut). II, 617, 59 calore: uirmino. — M. H. 3, 5, 3 (fides) calore (ferveat): hizzu. — II, 293, 19 a calore: lusti.

captare (eifrig streben, verlangen). II, 424, 15 captat: gerot.

caritas (Liebe). Tat. 145, 9: minna; vgl. II, 275, 14; IV, 6, 6; 124, 12; 134, 33; Tat. 141, 17; M. Fr. 29, 8: 12, 17; M. H. 5, 4, 4; 8, 8, 2; 10, 1, 3; 20, 6, 3; 22, 6, 3; Hatt. I, 29; 38; 43; 57; 84; 116; 121. — IV, 30. 32: spentao (vgl. dilectio).

carnalis (voll sinnlicher Lust). II, 174, 18 carnaliter: lustliho.

caro (sinnliche Lust). II, 174, 19 carnis: gilusti; vgl. II, 174, 17.

clemens (mild). M. H. 19, 11, 1 clementissime: kanadigosto.

coangustare (beängstigen). I, 217, 18 non coangustamur: ni angustemes. — II, 296, 59 coangustabitur: piduvngan.

coartare (beängstigen). I, 405, 29 coartor: mir angit; vgl. I, 405, 29; 727, 10. — I, 405, 29: mir angestet. — I, 405, 29: mich angistit. — I, 405, 29: wirde pidwngin; vgl. I, 274, 59. — I, 6, 11 coartatur: kiduungan. — I, 6, 11: ganaotit. — I, 726, 29 coartor: mih langet.

commotio (Erregtsein, Aufregung). II, 131, 28: irpolgani. — II, 170, 58 commotione: zorna.

commovere (leidenschaftlich erregen, aufregen, reizen, beunruhigen, ergreifen, erschüttern). II, 171, 4 commote (mentes): arpolganiu; vgl. II, 131, 4; 402. 16; 426, 36; 476, 3; 539, 79; 554, 48; IV, 22, 50 (vgl. iratus, turbidus). - II, 66, 27 commota: ergremit; vgl. II, 55, 12. — Otfr. IV, 20, 26 für commovet populum: gitruabta thiz land mit sines selbes leru. — Otfr. IV, 4, 59 für commota est universa civitas: hintarquamun alle. — Otfr. IV, 20, 28 für commovet populum: uuio er thesa uuorolt merrit. — II, 93, 45 commoti: stouonti. -- Otfr. IV, 20, 28 für commovet populum: uuio er iz allaz uuirrit.

compassio (Mitdulden, Mitfühlen, Mitleid). IV. 5, 26: erbarmida; vgl. I, 714, 24; II, 164, 6. — IV, 288, 48 compassionem: erbarmunga; vgl. IV, 287, 33; 290, 3.

compati (zugleich fühlen, Mitleid haben). I. 92, 14 conpatior: epantholem; vgl. Hatt. I, 77. — II, 314, 22 conpaciuntur: ebano sint dultanti. — II, 210, 30 conpatiens: irparimante; vgl. II, 167, 33; 204, 30. — II, 269, 31 conpatiendo: epano irparamanto. — I, 758. 21 conpaciamur: kakaemes indi leiddemes.

complacere (zugleich gefallen, angenehm sein). Otfr. I, 25, 18 für in quo mihi complacui: in imo liehon ih mir al. — M. Fr. 5, 7 bene complacuit: galihbota; vgl. Tat. 14, 5: 35, 3; 69, 9; Is. 18, 18. — I, 712, 47: wola gilichota.

complangere (laut trauern, wehklagen). II, 87, 16: chumon (vgl. conqueri) vgl. II, 89, 51; 93, 25; IV, 321, 42.

conclamare (bejammern, beklagen). II, 245, 52 conclamatus: biclagoter; vgl. II, 246, 33.

conculcare (feindlich niedertreten, missachten). II, 209, 65 conculcant: firmanant; vgl. II, 178, 16; 201, 3.

concupiscentia (heftiges Verlangen). Hatt. I, 43: kirida; vgl. Hatt. I, 52. — Otfr III, 7, 63 für concupiscentia carnalis: thes lichamen lusti.

concupiscere (erwünschen, Begehren tragen). II, 235, 42 concupiscant: keront; vgl. Tat. 28, 1; M. Fr. 29, 30.

concutere (erschüttern, erschrecken). I, 501, 43 (horrore) concuties: gigruozis. — I, 678, 26 concuteris: gimurwit wirdist (zum Texte: quare moerore contraheris? vgl. contrahere). — I, 274, 71 (pavore) concussi: kiscutte. — I, 678, 26 concuteris: giunerot uuirdis (vgl. contrahere). — I, 678, 26 giunvrouvit uvirdis (vgl. contrahere). — I, 501, 43 (horrore) concuties: giwizzest.

condescendere (sich erbarmen). II, 315, 8 condescendit: arparmet; vgl. II, 164, 24; 166, 52; 202, 69; 204, 17; 210, 11; 25; 304, 58; III, 5, 28.

condiscensio (Erbarmen, Mitleid). II, 249, 24 per condiscensionem: durih agaleizi. — II, 164, 19 condiscensionis: arparmido; vgl. II, 202, 66; 210, 9; 260, 37. — IV, 225, 7 condiscensio: arparmunga; vgl. II, 182, 16; 249, 24; 303, 9. — II, 248, 39 pro condiscensione: kabarmida.

confractio (qualvolle Verzweiflung). I, 521, 59 in confractione: in neizzisale.

confringere (zur Verzweiflung bringen). I, 614, 71 (dimitte eos qui) confracti (sunt liberos): gidiota.

confundere (verwirren, verstört, bestürzt machen). I, 703, 64 confusi: piturna. — II, 199, 38 confusa mente: mit kemistemo muota. — II, 173, 29 confundunt: girrant; vgl. II, 173, 15. — M. H. 26, 16, 2 (in te, domine, speravi), non confundar (in eternum): ni si kiskentit; vgl. I, 258, 6; 703, 64; 760, 14; II, 435, 13; Hatt. I, 55. — II, 435, 13 confundit: gitruopit. — Tat. 44, 21 qui confusus me fuerit: min scamenti uuirdit; vgl. I, 723, 22. 24. — M. Fr. 14, 12 confundaris: bist scamalih.

confusio (Verwirrung, Verlegenheit). I, 242, 20 confusione: scama.

congaudere (sich mit freuen). M. Fr. 30, 14 congaudet: frauuuit sih ebano mit. — M. Fr. 29, 16: frauuuit sich gameino.

congratulari (seine frohe Teilnahme zu erkennen geben). IV, 6, 10 congratulamini: ebanfreuuet. — Tat. 4, 10 congratulabantur ei: gifahun mit iru; vgl. Tat. 96, 2; 5.

conqueri (wehklagen, aus Unmut sich beklagen). II, 293, 25 conquerendum: za pisprehhanne. — II, 204, 22 conqueri: clagon; vgl. II, 55, 26; 65, 1; 69, 14; 70, 8; 72, 10; 148, 53; 217, 27; 239, 45; 315, 7; 585, 66; 601, 51; 730, 34; IV, 315, 15. — II, 293, 25 conquerendum: zi pichlagonne. — IV, 321, 42 conqueri: chumen (vgl. complangere); vgl. II, 84, 23; 87, 16; 89, 51; 90, 12; 93, 25; 53; IV, 319, 51. — II, 431, 37: stouvuan; vgl. II, 210, 29; 264, 15; 293, 25; 477, 23; 480, 57; 541, 9.

consternare (ausser Fassung bringen, bestürzt machen). I, 92, 12 mente consternata: motu arfallanemo. Tat. 218, 1 dum mente consternate essent: mittiu sio in muote arforhte uuarun. — IV, 310, 16: pitarnota; vgl. I, 315, 46. — I, 273, 48 consternatus: piturner; vgl. I, 488, 34; IV, 617, 35. — IV, 5, 38 consternebant: ferbrachun. — I, 627, 11 consternabuntur: giunvrouvit uvrtun. — IV, 300, 40 (mente) consternate: seraga.[1])

contemnere (gleichgiltig, geringschätzend behandeln, verachten). I, 253, 8. — contempsit: firthenkhit; vgl. I, 44, 37; 96, 12; 208, 35; 216, 6. — I, 158, 9 contemptum: upardaht. — I, 112, 14 contempnis: farhugis; vgl. I, 253, 8. — Tat. 31, 1 contemnet: ubarhugit. — Hatt. I, 37 contemnentes: farmanenti; vgl. Hatt. I, 39, 50. — I, 216, 6 contempnit: sih virvuanit. — II, 92, 10 contempnendo: frabalicho (vgl. superbus). — IV, 290, 42 ne contempnatis: ne giuuerson. — IV, 28, 28 contempno: missiniuzzo. — Is. 29, 3 contempta divinitate: mit unuuerdnissu gotes.

contemptor (Geringschätzer, Verächter). I, 138, 9: fardanchenti, vgl. I, 62, 19. — I, 62, 19: framano; vgl. Hatt. I, 74; 123.

contemptus (Geringschätzung, Verachtung). I, 273, 52: farmana. — I, 301, 36 contemptui: firmananti; vgl. IV, 5, 34. — I, 313, 31: dera farsehani.

conterere (aufreiben, erschöpfen). II, 299, 38 (carnem propter vitia) conteri: farmulit vuirt. — I, 537, 3 conteres: ginideres. — II, 186, 11: (illos ne subiectio) conterat: giniche; vgl. I, 370, 70. — I, 601, 44 conteretur: gitrunchit wirt. — I, 601, 44: givnvrovuit vuirdit. — II, 223, 44 (illos) ne (subiectio) conterat: nineizze. — I, 660, 44 (in animo) contrito: seragemo. — I, 660, 44: giseragemo.

contrahere (beklommen machen). I, 678, 26 (quare moerore) contraheris: gimurwit wirdist (vgl. concutere). — I, 678, 26: giunerot uuirdis (vgl. concutere). — I, 686, 50 (et) contracta (est anima mea): givnvrouvit; vgl. I, 678. 26 (vgl. concutere). — I, 686, 53: giwimert wirt.

contribulare (quälen). I, 580, 5 contribulet: giharamscarot.

contristare (betrüben). Otfr. V, 15, 29 für contristatus est: orquam

---

1) I, 92, 10: consternatus: ardanit, arfellit (Verwechselung mit **constratus**).

thora thikem gotes fraga. — II, 444, 13 contristas: gisoris (vgl. cruciare, debilitare). — II, 444, 13: honist (vgl. cruciare, debilitare); Tat. 180, 4 coepit contristari: bigonda sih truoben; vgl. Tat. 93, 1; 99, 4; 174, 4; 238, 3. — Tat. 158, 4 illi ceperunt contristari: sie bigondun truoben. — I, 718, 11 contristari: truren. — I, 217, 19 non contristamur: ni umplithumes. — Otfr. V, 15, 30 für contristatus est: er uuas es harto unfro. — Hatt. I, 30 contristari: keunfreuuit uuesan; vgl. Hatt. I, 80 (2×); 81; 99.

contritio (Zerknirschung, Kummer). I, 62, 21: farmulida. — I, 534, 33 contritione: haramscaro; vgl. II, 108, 9.

conturbare (verwirren, bestürzt machen). I, 440, 20 conturbas: girris; vgl. I, 609, 50; 768, 21. — I, 440, 20: gitrubist; vgl. I, 94, 3; Tat. 92, 4; 203, 3.

cor (Neigung). IV, 313, 35 in corde: duruh sina lieba. — M. Fr. 6, 18 ex abundantia cordis: fona ganuhtsamemo muote. — Is. 42, 7 (caverna enim reguli) corda (sunt infidelium): muotuuillun; vgl. M. Fr. 28, 9.

cruciare (quälen, peinigen). II, 191, 31 (mitte Lazarum, ut refrigeret linguam meam, quia) crucior (in hac flamma): prinno. — II, 444, 13 crucias: giseris (vgl. contristare, debilitare). — II, 444, 13: honist (vgl. contristare, debilitare). — I, 36, 23 cruciare: pfinon. — II, 289, 35 cruciat: uvizinot.

crudelis (grausam, unbarmherzig). I, 12, 19: ainstritandi (vgl. atrox). — I, 623, 12: grimmar; vgl. M. H. 19, 5. 3. — III, 385, 19: grimmich. — I, 12, 20: crimlih. — I, 12, 19: ungabiurer (vgl. atrox). — I, 12, 20: uualugiri; vgl. I, 78, 4; 110, 18; 156, 35; 184, 13; 242, 11; II, 315, 15. — II, 721, 26: uuare.

crudelitas (Grausamkeit, Unbarmherzigkeit). II, 447, 56: crimmi; vgl. II, 312, 15; 314, 30. — II, 296, 8 de crudelitate: fonna nide. — I, 12, 3 crudelitas: uualugirida; vgl. II, 312, 15.

crux (qualvolle Strafe). II, 584, 47: quelmiunga.

cupere (begehren, verlangen, wünschen). I. 162, 33 cupit: kerot; vgl. I, 44, 27; IV, 231, 13; Tat. 107, 1; 196, 4; Hatt. I, 121. — Tat. 74, 8 cupierunt (videre): girdinotun; vgl. Tat. 97, 2. — II, 750, 21 cupiens: choronter.

cupiditas (Begierde, Verlangen, Lust). I, 184, 5: firnessi. — II, 148, 41: frihbida (vgl. avaritia). — II, 148, 41: girida (vgl. avaritia). — I, 184, 5: girnessi.

cupido (Begehren, Begierde). IV, 51, 28: kirida; vgl. IV, 138, 64. — II, 479, 37 cupidinis: gegirdo.

cupidus (begierig). II, 626, 40 cupidi: frehhes (vgl. avarus); vgl. I, 100, 11. — II, 720, 11 cupida: gesaide (vgl. lascivus). — I, 32, 24 cupidus:

kiri (vgl. avidus); vgl. I. 100, 11; III, 5. 7. — I, 16. 6: listiger (vgl. ambitiosus). — I, 531, 19 cupitis: liupen.

cura (Sorge). IV, 180, 25: falchait (vgl. acedia). — M. H. 15, 1, 3 curis: ruachom; vgl. M. H. 15, 3, 2; 5, 2; Hatt. I, 76; 98; 105. — III, 231. 63 cura: sorga; vgl. Tat. 63, 3; 126, 1; 128, 9; 146, 1.

curare (sorgen). II, 630, 69: pisorgen. — II, 664, 50 nec curat: ni ruahta.

debacchari (toben). II. 606, 48 debachatus: topanter; vgl. II, 127, 15; 606, 30. — IV, 324, 29 debacchandi: fona uuatanne.

debilitare (schwächen, quälen). II, 444, 13 debilitas: giseris (vgl. contristare, cruciare). — II, 444, 13: honist (vgl. contristare, cruciare).

deflere (beweinen, bejammern). II. 29, 29 defleta: beuueinot. — II, 34, 21 deflent: clagedun. — II, 29, 29 defleta: ferclagot. — M. H. 24, 12, 2 deflentes: reozzante. — I, 110. 9 deflet: uuoffit.

delectamentum (Ergötzlichkeit). I, 558, 22: suozi.

delectare (lockend an sich ziehen, Genuss, Vergnügen gewähren). I, 531, 54 delectabar: vrouvita; vgl. I, 807, 68. — II, 26, 24 delectari faciat: geliubit (vgl. dulce facere, iuvare). — Is. 41, 21 delectabatur quoque infans: dhazs chind uuas gerondi. — I, 207, 33 delectat: lustit; vgl. I, 207, 36; Is. 42, 4. — Hatt. I, 52 non delectetur: nist kelustidoot. — I, 529, 67 ne delecteris: ni lustoges (lustiges, lustisoges, luste sist).

delectatio (Ergötzlichkeit, Genuss). II, 165, 26 delectationis: guuurti. — Hatt. I, 52: dera lustida.

delenire (besänftigen, kirren, ködern). II, 347, 28 deliniti: giflehota. — II, 344, 13: kafligiloti. — I, 307, 26 delinivit: gitrosta; vgl. II, 194, 49. — II. 230, 63 delinivit: lohoto.

deliciae (feiner, üppiger Genuss, Lust, Wonne). I, 493, 34 pre diliciis: fora hotmahilim. — II, 688, 58 (formosum pastor Corydon ardebat Alexim), delicias (domini): trut; vgl. II, 570, 49. — Tat. 65, 5 deliciis: uuolun; vgl. Hatt. I, 42. — IV, 6, 50: uuelalibi. — II, 522, 80: wollusten. — II, 412, 47 delitie: vvvnna. — II, 462, 28 deliciis: zarton; vgl. II, 74, 20; 518, 3; 677, 42; 688, 58. — III, 213, 17 deliciae: zartluste.

delicere (an sich locken). III, 418, 76 deliciantur: werden gezertet.

demens (wütend, rasend). IV, 71, 41: zorniger (vgl. impius).

dementare (wüten, rasen). IV, 200, 62: uuodon.

dementia (Wut, Raserei). I. 110, 25: unsalida. — III, 234, 2: unsinnecheit. — III, 234, 2: vrsinnecheit. — II, 747, 17: vrsinnigi. — IV, 6, 57: uuotnissa; vgl. Is. 8, 11.

demulcere (liebkosen, schmeicheln). II, 284, 28 demulcet: geslihtit; vgl. II, 181, 31. — II, 183, 58: lochot; vgl. II, 67, 33 (vgl. blandiri); 181, 31; 284, 28. — II. 65. 25: lihluhti; vgl. II, 58, 31; IV, 316, 30 (vgl. blandiri). — II, 65, 25: mammoti; vgl. II, 70, 50.

depavere (in Angst sein). I, 558, 52 depaverunt: vorahtun. — I, 555, 24: scutisoton; vgl. I, 554, 33; 555, 14.

desaevire (gewaltig toben, wüten). I, 425, 18 deseviet: crimmisot.

deses (müssig, träge). IV, 139, 51: slaffer; vgl. IV, 53, 30 (vgl. desidiosus); 139, 53.

desiderare (verlangen, begehren, wünschen). II, 65, 72 desideret: gero; vgl. I, 86, 6; 608, 29; IV, 301, 55; Hatt. I, 43; 46; 95; M. H. 19, 8, 4; M. Fr. 29, 23. — I, 310, 43 desiderant: kisuochint. — I, 756, 9 desidero: mih langet. — I, 310, 17 desideratas: liuba. — IV, 685, 34 desideratus: giliubit. — Tat. 158, 2 desideravi: lusta; vgl. Tat. 116, 2; 145, 2. — M. Fr. 32, 9 desideratis: neotot. — IV, 317, 4 minime desiderat: ne uuilloth (vgl. affectare); vgl. I, 86, 6. - Is. 17, 20 desideratus: dher uuilligo.

desiderium (Verlangen, Wunsch, Sehnsucht). IV, 131, 1 desideria: kirida; vgl. Hatt. I, 35; 44; 50; 51; 52 (3×); 102; 115. — Tat. 131, 19: lusta. — I, 411, 56 desiderio: lustidom. — Tat. 158, 2: lustonto. — I, 756, 14 desideria: gluste; vgl. I, 756, 16. — II, 208, 65 desiderium: niot; vgl. II, 211, 24.

desidia (Trägheit). IV, 139, 52: slaffi; vgl. Hatt. I, 30. — III, 360, 68: tracheit; vgl. III, 234, 1. — I, 100, 7 dissidia: uuullido (vgl. pigritia). — II, 463, 30 desidiam: zagaheit (vgl. pigritia); vgl. II, 128, 16.

desidiosus (träge) IV, 53, 30: slaffer (vgl. deses); vgl. I, 100, 10. — Hatt. I, 101: unstiller. — I, 100, 10 dissidiosus: urluster.

desperare (keine Hoffnung haben, verzweifeln). II, 33, 11 desperata: uercunnan. — I, 108, 5 disperatus: urmoat. — I, 223, 23: uruuani. — II, 260, 2: kauruuanter. — Tat. 32, 8 nihil disperantes: niouuiht zuruuanenti.

desperatio (Aufgeben der Hoffnung, Verzweiflung). II, 321, 53: egiso (vgl. horror). — I, 422, 18: spildi. — II, 321, 12: uruuani; vgl. II, 315, 16.

despicere (mit Verachtung herabsehen, verachten, verschmähen). II, 95, 46 despiciens: egiso (vgl. horrescere). — II, 174, 5 despicere: varmanan; vgl. I, 276, 64; 517, 52; II, 169, 13; 171, 26; 256, 77. — IV, 604, 22 ne dispicias: ni farsih; vgl. I, 44, 36; 96, 11; 97, 6; 112, 13; 216, 5. — II, 611, 64 despiciens: ferscimfende.

detestari (verwünschen, verabscheuen, abweisen). I, 493, 51: fien. — I, 815, 18: intsagen. — Tat. 188, 5 (tunc coepit) detestari: leidezen; vgl. I, 618, 10; II, 197, 27; 200, 57; 210, 60; 292, 61; 311, 32. — I, 277, 6 detestantur: leidlihent; vgl. I, 543, 16; II, 163, 16. — I, 172, 9 detestandum: laidonti. — I, 541, 25 detestatur: uuidaroot; vgl. II, 311, 32.

deiectio (Demütigung). II, 109, 1 deiectione: haramscaro.

dilectio (Liebe). I, 714, 12 pro cuius dilectione: duruh sina lubi.

— M. Fr. 30, 12 dilectione: minnu; vgl. 88, 13; 160, 7; 167, 7; 8; 168, 2; 179, 4; Dkm. LVIII, 2; Hatt. I, 29. — II, 283, 39 cuius delectione: dero liupiminno. — IV, 30, 32 dilectio: spentae (vgl. caritas).

diligens (mit liebevoller Sorgfalt). Tat. 96, 5 (quaerit) diligenter: ageleizo. — I, 34, 12 diligentius: kernlihho; vgl. Tat. 8, 4; Hatt. I, 45. — I, 578, 13 diligenter: livpo. — I, 578, 13: minnente. — I, 532, 22 diligens: minnihaftaz. — I, 532, 22: minnisamaz.

diligentia (liebevolle Sorgfalt). Hatt. I, 36: kernii. — II, 147, 26: gernnissi. — IV, 54, 1: fliz. — II, 51, 8: sorga.

diligere (hochschätzen, lieben). Otfr. I, 25, 17 für filius meus dilectus: min sun diurer. — I, 80, 1 dilexit: liupot. — Tat. 14, 5 (tu es filius meus) dilectus: liob; vgl. II, 646, 48; Tat. 91, 3; M. Fr. 5, 7. — Otfr. V, 15, 3 für diligis me?: minnost thu mih? vgl. I, 317, 62 tenere diligit eum: fasto minneota inan, vgl. ferner Otfr. II, 12, 71; 87; 13, 29; 19, 12; 16; IV, 13, 8; 15, 51; Is. 4, 17; M. Fr. 30, 15; 19; 22; 41, 11; Tat. 32, 1; 2; 4; 8; 37, 1: 60, 6; 69, 9; 88, 7; 106, 2; 3; 107, 8; 119, 9; 12; 128, 2; 4; 131, 18; 133, 14; 135, 3; 138, 9; 13; 141, 10; 143, 1; 160, 6; 164, 2; 6; 165, 7; 167, 8; 168, 1; 169, 3; 175, 5; 179, 2; 34; 238, 1; 2; Hatt. I, 42; 43; 45 (2×); 47; 53; M. H. 16, 4, 5; M. S. Ps. CVIII, 4. — Otfr. III, 23, 23 für diligebat eum: habeta minna liublicho sin. — Is. 18, 18 dilectus: chiminni; vgl. Is. 18, 21. — Otfr. V, 15, 14 für diligis me?: mir unnis alles guates?

dispectio (Verachtung). II, 167, 65 dispectionem: farmanada.

dissecare cordibus (Schmerz bereiten, quälen). I, 804, 40 dissecabantur cordibus suis: giseragot uurtun.

dolere (Schmerz fühlen). Hatt. I, 43 dolentem: serazzantan; vgl. I, 679, 6; 737, 14. Tat. 12, 6 dolentes (quaerebamus te): serente. — II, 451, 12 dolet: svirit; vgl. II, 441, 45. — II, 168, 44 doluit: zurunta.

dolor (Schmerz, Leid). II, 168, 10 doloris: leides; vgl. I, 761, 12; II, 419, 7. — II, 615, 46 proh dolor: leider. — I, 277, 58 dolor: ser; vgl. I, 514, 22; II, 424, 48; IV, 683, 44; 54; Tat. 185, 5; M. S. Ps. CXIV, 3; Ps. CXIV, 4. — IV, 318, 1: serde. — I, 201, 27: suuero; vgl. II, 444, 7; M. H. 19, 4, 2. — II, 641, 17: sverado. — II, 692, 40: zorn; vgl. II, 168, 8; 637, 7.[1])

dulce facere (ergötzen). II, 771, 9 dulce faciat: keliubit (vgl. iuvare); vgl. II, 26, 24 (vgl. delectare, iuvare).

dulcedo (Lust, Trieb). II, 668, 60 dulcedine: minno.

efferare (wütend machen, erbittern). II, 756, 1 efferor: arpolgit uuirdo. — IV, 201, 19 efferatus: grommit; vgl. IV, 55, 55. — II, 756, 1

1) **dolorosus** (voll Schmerz). M. S. Ps. CVIII, 2 lingua dolosa (verwechselt mit dolorosa): zunga seriu.

efferor: argremit uuirdo; vgl. I, 663, 12; II, 510, 61; 555, 33; IV, 55, 55; 140, 57. — III, 235, 68 efferatus: irgrimezeter. — II, 423, 26 efferatis: grimman.

efferus (verwildert, roh). II, 603, 43 efferos: gigremita. — II, 255, 46 effera (mens): grimmaz.

effrenatus (wild, grimmig). I, 705, 16: irgremiter.

eiulare (laut aufheulen, laut wehklagen). I, 168, 40 heiulans: uueinonti; vgl. Tat. 60, 12. — I, 397, 65 eiulavit: vueuereta (vgl. ululare). — II, 421, 21 heiulantes (feminae): uueuuerhontiu. — I, 168, 30 heiulans: uuinnanti. — I, 397, 65 eiulavit: vuophta.

eiulatio (lautes Geheul, Wehklage). I, 313, 10: uueinodc; vgl. I, 277, 72; 813, 22.

eiulatus (lautes Aufheulen, Wehklage). II, 416, 12 heiulatus flebilis: chlagalicha vuevuerunga.

elatio (Übermut, Stolz). Hatt. I, 87 elationis: preitii. — Hatt. I, 45 elatio: preitida. — Hatt. I, 117 elationem: keilii. — II, 280, 26 elatio: uparmuoti; vgl. II, 179, 11; 279, 19.

elatus (stolz, übermütig). I, 6, 5 elate: prait; vgl. Hatt. I, 80. — I, 6, 5: praitherze. — I, 170, 13: flaozlihho. — I, 132, 32 elatus: keil; vgl. III, 5, 9; Hatt. I, 49. — I, 6, 5 elate: kaillihho; vgl. I, 170, 13. — I, 132, 32 elatus: hapan. — I, 170, 13 elate: uparmoatlihho.

elicere (hervorlocken). II, 711, 54 eliceo: uzerloccon.

energia, energima (wahnsinniges Toben). II, 404, 37 (audiat insanum bacchantis) energima (monstri): topazunga; vgl. II, 457, 44; 542, 75; IV, 141, 12. — II, 457, 44: vrsinnigi. — II, 594, 60: wotunga.

energumenus (tobend). II, 94, 42 energumini: awizzigi. — II, 94, 42: auuizzode. — II, 124, 28 energuminus: topenter. — II, 91, 35 energumini: ursinniga.

ephilempticus (liebend). I, 411, 57 aut desidero ephilempticos: edo ih lustidom minnante.

erubescere (aus Scham erröten, sich schämen). II, 226, 47: scamen; vgl. Is. 23, 5; Tat. 103, 5; 108, 2.

exacerbare (erbittern, aufbringen). I, 120, 39 exacerbat: gramizzot (vgl. irritare). — II, 70, 44 exacerbis: irgremist; vgl. I, 514, 30; IV, 274, 19. — IV, 201, 34 exacerbo: gruozon.

exacerbatio (Erbitterung). I, 781, 8 exacerbatione: gremi. — I, 782, 12 in exacerbatione: in deru grestti, oder in deru grefsti (vgl. Graff IV, 335) oder gremi.

exagitare (leidenschaftlich erregen, beunruhigen). II, 256, 22 exagitati: argremita. — II, 599, 41 exagitatus: gigruozter. I, 400, 44 exagitabat: muota; vgl. II, 444, 5. — I, 279, 2: uueicta.

animam, cor exaltare (in gehobene Stimmung versetzen). M. S. Ps. CXXX,

1 non est exaltatum cor meum: nist erhabanaz herza minaz; vgl. Hatt. I, 49. — M. S. Ps. CXXX, 2 sed exaltavi animam meam: uzzan arhuobi sela mina; vgl. Hatt. I, 49.

exardescere (in Grimm entbrennen). I, 277, 75 (ob quod peccatum meum sic) exarsisti (post me)?: arplubitos; vgl. I, 313, 52.

exasperare (aufhetzen, erbittern). I, 120, 40 exasperat: apohot. — II, 173, 47: argremit; vgl. I, 627, 39; II, 181, 19; 185, 17; 203, 73; 211, 39; 54; 299, 34; 303, 33; 471, 62. — II, 202, 23 exasperet: gigremme. — III, 415, 56 exasperatur: erzurnet wirt. — I, 584, 13 (qui) exasperat (matrem): kiarindant; vgl. I, 410, 33. — II, 183, 9 exasperans: grimmiv.

mente excidere (in sinnloser Aufregung sein). II, 601, 4 mente excidat: daz er sih arquema. — II, 727, 20 mente exciderat: topota; vgl. II, 730, 19.

excire (leidenschaftlich erregen, aufregen). II, 444, 8 excitus: gigruoztar.

excitare (leidenschaftlich erregen, aufregen). II, 343, 17 ad excitandum: anazzan. — M. Fr. 30, 6 se excitat: sih gahrorit. — II, 747, 13 excitabatur: ganizit uuard. — II, 693, 75 (sonus) excitat (omnis timentem): gruozta. — II, 487, 30 excitatur: orgremit vuard.

execramentum (Verwünschung, Fluch). I, 571, 19: leidsami.

execratio (Verwünschung, Fluch). I, 466, 14 cum execratione: mit eide. — IV, 170, 2 execratio: flvoch. — I, 466, 14 cum execratione: mit leide. — I, 586, 53 execratio: leidsami; vgl. I, 363, 9.

exhilarare (aufheitern). II, 266, 37 exhilarate: frovuet; vgl. II, 262, 18. — II, 266, 37: givrouvet.

exhorrescere (erschaudern, aufschaudern, sich entsetzen). I, 503, 65 exorruit: irchovm. — I, 503, 65: leidezta; vgl. II, 659, 32.

expavescere (sich fürchten). II, 311, 52 expaviscunt: arfurihtant; vgl. I, 390, 28; Tat. 91, 6; Hatt. I, 43. — I, 813, 21 expavit: arspranch. — I, 172, 8 expaviscendum: pipinonti. — I, 405, 5 expavit: irplodota. — I, 390, 28 expavit (homo et conturbatus est): irmuntreta.

expetere (erstreben, begehren). Tat. 160, 4 (Satanas) expetivit (vos): gerot; vgl. I, 493, 56.

exosus (gänzlich hazzend). II, 74, 19 exosa: hazzvntiu.

exterrere (erschrecken, ausser Fassung bringen). II, 666, 53 exterrens: pruttenter. — Tat. 217, 4 exterriti sunt: erbruogite uuarun; vgl. Tat. 230, 3.

exultare (ausgelassen sein, sich ausgelassen freuen, frohlocken). Otfr. III, 18, 52 für exultavit: blidt er herza sinaz; vgl. Otfr. I, 6, 12; 7, 2; II, 16, 37; III, 18, 49; Tat. 22, 17. — M. H. 22, 7, 3 exultat (in his filius): feginot; vgl. M. H. 19, 1, 3. — Tat. 4, 2: exultavit (infans in utero): gifah; vgl. Tat. 4, 4; 4, 5; 67, 6; 7; 88, 11; 131, 24. — M. S. Ps. CVII, 7 exultabo: froon; vgl. M. Fr. 30, 13; Otfr. I, 7, 5; II, 16, 37. — II, 398, 27 (vicimus) exultans (vitium): daz chelzenta. — II, 650, 17 (Pyrrhus) exultat: spilita; vgl. Otfr. I, 6, 4. — I. 162, 36 exultat: uuunnisamot; vgl. I, 136, 30 (vgl. gaudere); 218, 24.

exultatio (ausgelassene Freude, Lust). Tat. 2, 6 (et tibi erit gaudium et: exultatio: blidida. — II, 320, 49 exultatio (in adversis proximi): mendislo.

fastidiosus (voll Ekel, wählerisch, stolz). III, 239, 5: muolicher. — I, 592, 46 fastidiosis: zurdruzlichen. — I, 592, 46: zurlustigun. — I, 592, 46: zurlustlichun. — I, 296, 5: uuilliondion.

fastidire (widerwillen haben, verschmähen, vornehm tun). II, 678, 36 fastidit: intuuerdet; vgl. II, 689, 22. — II, 380, 13 fastidire: curlustan. — IV, 142, 29 fastidit: zurlustlicher. — II, 766, 7 fastidientibus: urkauuisontem.

fastidium (Ekel, Widerwille, Verachtung, schnöder Stolz). II, 456, 3 fastidia: peitun. — II, 678, 43: pitunga; vgl. II, 554, 21. — I, 158, 7 fastidium: uncaparida. — I, 158, 7: unlust; vgl. II, 345, 15. — II, 300, 23 fastidio: zi zurlusti; vgl. IV, 142, 28. — III, 450, 33 fastidium: vrdruzzisami (vgl. taedium). — M. H. 25, 1, 4: urgauuida. — II, 420, 37 fastidio: vueigiri; vgl. I, 513, 61; II, 116, 68. — II, 300, 23: vuillisami. — II, 678, 33 fastidia: weokisami.

fastus (vornehmer Stolz, stolze Verachtung). II, 205, 22 (apud cogitationes suas) in fastu (prudentiae ex ipsa se culpa impuritatis extollunt): in geili. — IV, 142, 31 fastus: richtuom (vgl. superbia).

fastus (stolz). I, 138, 7: firuuizi (vgl. superbus). — III, 188, 8: stulzer; vgl. III, 143, 21.

fatigare (zusetzen, heimsuchen, quälen). II, 169, 24 neque fatigeris: ni zurnes.

favere (geneigt, gewogen sein, begünstigen). II, 201, 49 (et) favet (ergo ex desiderio et terret ex praecepto): loboige. — II, 179, 44: lochot. — II, 220, 45: spuon.

favor (Geneigtheit, Begünstigung). IV, 142, 36: fleha.

fax (Liebe). II, 551, 45 faces: luste.

ferocia (Wildheit, Unbändigkeit). IV, 114, 30: crimmi (vgl. iracundia); vgl. IV, 142, 53.

ferocitas (Unabhängigkeit, Grausamkeit). I, 12, 2: sarphida (vgl. acerbitas, severitas).

ferox (wild, trotzig). IV, 22, 56: erbolgan (vgl. iratus, saevus, truculentus). — II, 608, 8: grimmer; vgl. II, 611, 63; 735, 45; 746, 9; IV, 202, 6. — IV, 22, 56: razer (vgl. iratus, saevus, truculentus).

ferre (erdulden, leiden). M. H. 10, 2, 3 (crucis) ferens (suspendia): dultenti.

acide, graviter, indigne ferre (mit Unwillen ertragen, unwillig sein). Tat. 138, 4 indigne ferentes: ununerdliho tragenti. — I, 565, 53 acide feras:

suro ente sarfo firtragos. — I, 565, 53: unsaphto fretregist. — I, 565, 53: zuurlustos. I, 705, 73 graviter se ferre: harto sih zurnan.

ferus (wild, grausam). I, 315, 21: ghibulahtigher (vgl. iracundus). — IV, 142, 57: grimmer; vgl. I, 316, 48; III, 238, 43; IV, 126, 54 (vgl. iratus). — I, 316, 48: theoriner.

ferveus (vor Leidenschaft glühend). II, 593, 32 ferventibus: den kizalen. — II, 170, 46 ferventioris (spiritus): heizirin muotes. — II, 569, 8 ferventibus: charronton. — II, 190, 29 ferventioris: rescirin. — II, 184, 62 ferventius: zornagor; vgl. II, 4, 25.

fervere (vor Leidenschaft glühen). II, 183, 40 (si pastores erga interiora studia subditorum suorum) ferveant: illen; vgl. I, 535, 59. — M. H. 3, 5, 3 (fides) calore ferveat: hizzu strede; vgl. M. H. 5, 5, 2; 12, 1, 2. — II, 233, 8 (in corde gravius multiloquium tolerant, ut eo plus cogitationes in mente) ferveant: uuallent. — I, 28, 16 ferveremus: aruuallemes.

fervidus (feurig, leidenschaftlich). II, 522, 16 fervida: grimmiv. — II, 664, 23 fervidus: iliger. — II, 592, 27 (ira) fervida: stredantiu; vgl. IV, 61, 54; 126, 52 (vgl. calere, iracundus). — I, 205, 13 fervedo: uuinnendi. — II, 660, 14 fervida: zornagiv.

fervor (leidenschaftliche Glut). III, 239, 18: fliz. — II, 228, 21 fervor (doloris): heiz: vgl. I, 789, 33. — II, 163, 46 fervor: lust. — II, 170, 42 fervorem (aemulationis): resci; vgl. II, 194, 34. — Hatt. I, 125 (cum) fervore (caritatis): vvalmo. — I, 629, 45 fervorem: zorn. — I, 629, 45: zurnida. — I, 629, 45: zurnunga.

festivus (froh, heiter). I, 156, 30: froer; vgl. I, 156, 27.

flagor (leidenschaftliche Glut). I, 142, 26 flagoris: agisin.

flamma (heftiger Trieb). II, 706, 39 (adgnosco veteris vestigia) flammae: gilusti.

flebilis (klagend). II, 426, 12 heiulatus flebilis: chlagalicha vuevuerunga.

flere (weinen, weinend beklagen). Otfr. IV, 26, 31 für nolite flere super me: ni klagot ir thaz minaz ser. — Otfr. IV, 26, 30: ni kumet tod minan. — Tat. 23, 3 flebitis: riozet; vgl. Tat. 174, 4; 201, 1; 223, 4; Otfr. IV, 26, 29. — II, 657, 18 fleti: pirozana. — Otfr. IV, 26, 32 für super vos ipsos flete: iuih selbon uueinot. — Otfr. IV, 18, 40 für flevit: uueinonnes smerza ruarto mo thaz herza.

fletus (Weinen, Klage). I, 810, 31 fletu: rozze. — Hatt. I, 102 fletibus: uuafun; vgl. II, 213, 30. — II, 2, 55 flotus: uuoft; vgl. M. Fr. 10, 6; 24; M. H. 25, 7, 4.

formidare (sich grausen, sich heftig fürchten). I, 150, 21 formidans: antsicenti (vgl. timere). — Tat. 165, 6 formidet: forhte; vgl. M. H. 1, 4, 4. — II, 695, 3 formidatus: forhteler. — I, 716, 31 ob nullius potestatis timorem (iustum dicere) formidas: ne sihist dar ana herduomes.

formido (Grausen, Furcht). I, 188, 17 in formidine: in arquemanassi (vgl. pavor). — II, 264, 49 formido: plodi; vgl. II, 616, 7; 660, 29. Hatt. I, 57 sine formidine: ano forahtun.

formidolosus (sich grausend). III, 239, 19 bloder.

fremere (murren). II, 487, 45 frementem: erbaletem. — I, 154, 16 fremit: feimit (vgl. stridere). — Tat. 135, 21 (Iesus ergo, ut vidit eam plorantem), fremuit spiritu (et turbavit se ipsum): gremizota; vgl. I, 154, 20; 723, 31; II, 523, 24 (vgl. iratus); 539, 11. — III, 412, 72 fremit: grisgrammot. — II, 669, 1: uvotta.

fremidus (murrend). I, 142, 25: faimenti.

fremitus (Murren, missbilligendes Gemurmel). I, 143, 25: cremizi. — II, 76, 10 fremitu: gremizigi. — I, 541, 65 fremitus: cremizzod; vgl. I, 621, 52.

frendere (knirschen, vor Wut mit den Zähnen knirschen). II, 543, 27 frendens: gremizzonter; vgl. II, 554, 73.

furere (wüten, toben). II, 669, 4 furentes (equos): peitentiu. — II, 670, 65 (hunc, oro, sine me) furere (ante furorem): gispildan. — II, 247, 53 furentis: cremizzontes. — I, 154, 18 furit: crimmit (vgl. insanire). — IV, 127, 54 furens: razzer (vgl. rabidus). — II, 748, 41: topantiu. — II, 171, 1 furentis: uualmentin. — II, 419, 26 furente: uuinnintin. — II, 637, 4: uvotit; vgl. II, 35, 50; 104, 31; 121, 39; IV, 144, 28.

furia (Wut, Raserei). II, 721, 45 furiis (refecti): raze. — II, 638, 42 in furias: in uuotunga; vgl. II, 707, 28. — II, 712, 53 furiis: zornon.

furiatus (wütend, rasend). II, 443, 38 furiata: vuotigiv.

furibundus (voll Wut, Raserei). I, 448, 5: drato arpolganer. — I, 256, 29: furifuntlihho; vgl. I, 158, 33. — I, 150, 19: capulant (vgl. insanire, irasci). — I, 58, 34 furibundo: callacente. — I, 296, 15 furibundus: gremicendi. — I, 446, 45: vuadender; vgl. I, 296, 15; II, 351, 11. — II, 79, 77: uuuotrich. — I, 441, 47: zornager.

furiosus (voll Wut, Raserei). I, 543, 39: abulghigher. — I, 542, 9 furioso: heizmuatemu. — II, 115, 59 furiosus: topenter. — II, 83, 30: uuotenter; vgl. I, 411, 54; II, 85, 54; 87, 48; 94, 49; IV, 319, 19. — I, 280, 20 furiosi: uatage.

furor (Wut, Raserei). II, 773, 78: dradi. — I, 150, 17: haizherci; vgl. I, 281, 37. — II, 228, 51 furoris: heizmuoti; vgl. M. S. Ps. CXXIII, 2. — II, 528, 37 furores: minna; vgl. II, 678, 52. — III, 239, 26 furor: tobehalmo. — II, 696, 29 (quam simul ac tali persensit peste teneri cara Iovis coniunx, nec famam obstare) furori: unluiminte. — II, 37, 19 furores: ursinnigi. — II, 607, 5 furore: uatun. — II, 646, 49 furor: uuotunga.

gaudere (froh sein, sich freuen). Otfr. II, 16, 37 für gaudete et exultate: blidet iuih muates; vgl. Otfr. I, 17, 55. — I, 38, 39 gavisus est: frao ist (vgl. ovare); vgl. IV, 300, 6. — M. Fr. 29, 15 gaudet: frauuuit sih;

vgl. I, 218, 21 (vgl. ovare). — Otfr. I, 17, 56 für gavisi sunt gaudio magno valde: filu fraunalicho sin uuartotun. — Tat. 8, 6 gavisi sunt: gifahun; vgl. Tat. 21, 6; 22, 17; 67, 6; 87, 8; 96, 2; 3; 97, 8; 103, 5; 114, 1; 135, 7: 154, 2; 165, 7; 174, 4; 6; 196, 4. — II, 637, 69 (tum magis et magis blandis) gaudere (magistri laudibus): giuuonen. — M. Fr. 30, 11 gaudet: mendit; vgl. I, 8, 5; 218, 22; IV, 22, 6 (vgl. tripudiare); M. Fr. 31, 21; Tat. 2, 6; Otfr. I, 4, 32; M. H. 1, 5, 3; Hatt. I, 40; 53. — II, 554, 66 gaudet: smieret. — I, 136, 30: uuunnisamot (vgl. exultare).

gaudium (Freude, Vergnügen). I, 722, 7: froinosse. — IV, 144, 40: frodo: vgl. Otfr. II, 13, 16. — Tat. 2, 6: gifeho: vgl. Tat. 4, 4; 6, 2; 8, 6; 21, 6; 67, 3; 75, 2; 77, 1; 96, 6; 149, 4; 5; 168, 1; 174, 4; 5; 6; 175, 2; 219, 1; 244, 1; M. Fr. 9, 15. — I, 731, 29 nuntio vobis gaudium, evangelizo: cuatspellon. — Otfr. I, 4, 31 für erit gaudium tibi: er ist thir herzblidi. — I, 731, 29 (nuntio vobis) gaudium: mendi; vgl. IV, 22, 4 (vgl. tripudium); 8 (vgl. triumphus); M. H. 1, 8, 4; 4, 4, 1; 15, 3, 2; 19, 9, 1; 22, 7, 4; 27, 7, 2; Hatt. I, 102. — IV, 22, 8 gaudium: sigumendin (vgl. triumphus). — M. Fr. 10, 11: prae gaudio illius: des mendento.

gemere (seufzen, stöhnen, klagen). II, 482, 58 gemit (sub face minister): ercrahchota. — II, 219, 41 gemas: clagos; vgl. II, 424, 46. — M. H. 20, 8, 4 (consumpta mors ictu suo perisse se solam) gemat: chuere; vgl. II, 389, 73; 404, 74; 410, 56; 458, 51; 493, 22; 513, 69; 543, 56; 643, 48. — II, 2, 47 gemunt: suftotun; vgl. M. H. 19, 1, 4.

gemitus (Seufzen, Stöhnen). II, 424, 24 gemitum: chlagvt. — Hatt. I, 44 cum gemitu: uuaffo. — M. H. 19, 4, 1 gemitibus: uuaftim.

gestire (vor Freude ausgelassen sein, frohlocken). IV, 144, 53 gestit: mendit.

gloria (Hoffart). II, 320, 15: gelp; vgl. II, 321, 26.

gloriari (sich rühmen, prahlen, sich viel zu gut tun auf). I, 136, 31 gloriatur: fraoet. — I, 136, 31: cotlihhet; vgl. I, 132, 33.

grassari (umhertoben, wüten). II, 243, 34 grassantur: grimmont. — II, 769, 24 grassans: handogo. — I, 427, 35 crassatur: herrot. — I, 276, 53: kiherrot. — III, 336, 31 grassor: ih toben (vgl. insanire); vgl. III, 276, 26 (vgl. bacchari, saevire); 301, 39 (vgl. bacchari, saevire). — II, 603, 41 grassatur: vuotta; vgl. I, 422, 36; II, 172, 46; 192, 11; 461, 57; 547, 74; IV, 169, 49; 268, 46.

grassator (Umherschwärmer). IV, 5, 63 crassator: argor. — IV, 145, 16 grassator: tobantor.

grates (Dank). I, 280, 37: ensti. — M. H. 4, 3, 2: dancha; vgl. Dkm. LXI, 22.

gratia (Gunst, Geneigtheit, Wohlwollen, Gnade, Erkenntlichkeit, Dank). I, 136, 16: anst; vgl. I, 160, 20; 22; 200, 8; 736, 6; 789, 20; 790, 31; 48; 50; II, 51, 21; IV, 334, 20; Otfr. I, 5, 18; II, 2, 37; M. H. 3, 3, 3; 4, 4; 8,

I, 4; 10, 1, 3; 12, 3, 4; 14, 4, 3; 20, 6, 2; 22, 5, 4: Hatt. I, 28; 71; 83. — Tat. 32, 5: thanc; vgl. I, 580, 25; 789, 57; IV, 352, 12; Tat. 32, 6; 76, 2; 82, 3; 89, 2: 111, 2; 118, 2; 135, 25; 160, 2. — I, 776, 17: danchpari. — II, 156, 21: tanchunga. — Dkm. LVI, 104 gratias agimus tibi: thancomes thir; vgl. IV, 316, 22; Otfr. II, 58, 11; III, 24, 91. — Tat. 12, 1 (et) gratia (dei erat in illo): geba; vgl. I, 160, 20; Is. 31, 19; 40, 11; Tat. 3, 2; 12, 9; 13, 7; 9. — I, 795, 1 gratiam: gipht; vgl. I, 743, 16; 790, 31. — I, 764, 39 gratia: huldi; vgl. I, 80, 17; 136, 16; 160, 22; 200, 8; 700, 61; 743, 16; 764, 53; 795, 6; II, 172, 4; 173, 8: 191, 50; 224, 33; 225, 47; 228, 69; 229, 37; 273, 24; 276, 4; 284. 1; 609, 17: 611, 1; 51; 612, 14; 613, 33; 659, 23; III, 12, 50; Is. 30, 1; Tat. 3, 1. Dkm. LVIII, 2. — I, 773, 16: livbi; vgl. I, 700, 61; 776, 17; 789, 35: 790. 18; 793, 59; 796, 13; II, 35, 38; 75, 42; 118, 10; 183, 42; 179, 38; 657, 67; 774, 65. — I, 789, 35: lop; vgl. IV, 549, 5.

gratificari (sich willfährig, gefällig zeigen). IV, 202, 54 gratificor: thancon.

gratificatio (Willfährigkeit, Gefälligkeit). II, 132, 56: dancparigi.

gratiosus (günstig, gefällig). I, 532, 11 gratiosa: dancparigiu. I, 532, 11: danchpariu. — I, 525, 35: enstigiu; vgl. III, 240, 60; 275, 62; 301, 20; 318, 19. — III, 240, 60 gratiosus: gnediger.

gratis (gratiis: mit Dank, mit blossem Dank, ohne Entgelt, umsonst). M. S. Ps. CVIII, 3: arauuingun; vgl. I, 280, 35; 306, 46; II, 273, 8; 330, 16. — II, 617, 7: minis thanckes; vgl. I, 712, 3; 756, 32. — I, 764, 30: enstigo. — I, 301, 31: in gimeiton; vgl. I, 775, 16. — I, 614, 33: ana lon; vgl. I, 764, 30; II, 330, 16. — I, 712, 3: ane mieda. — I, 816, 44: ana scult; vgl. II, 192, 49. — II, 243, 37: undurftis. — Tat. 170, 6: ungifergot. — II, 273, 8: ungichouftaz.

gratuitus (ohne Entgelt, uneigennützig). I, 688, 3 gratuita: arauvingun; vgl. I, 664, 5. — I, 688, 3: dancwillon. — I, 427, 36: enstikiu. — I, 422, 40: uirgebene; vgl. IV, 268, 47. — I, 422, 40: liupiv. — I, 460, 21: ungiarnetiu; vgl. I, 462, 35.

gratulari (seine frohe Teilnahme zu erkennen geben). I, 160, 37 gratulatur: plidet. — I, 160, 38: menthilot.

gratus (günstig, dankbar). I, 773, 6 grati: danchparige. — I, 392, 3 si gratus: obi in dancke; vgl. I, 264, 17. — I, 541, 57 gratissima: enstigosta.

gula (Schlemmerei, Genussucht). M. H. 4, 5, 2 gulam nec venter incitiet: kitagi noh uuamba kaanazze.

hilarescere (heiter, fröhlich werden). II, 305, 21: froon; vgl. II, 310, 4. — M. Fr. 30, 17 hilarescit: mendit. — II, 240, 25 ne (animus plus quam decet) hilarescat: nermiltige.

hilaris (heiter, fröhlich, aufgeräumt). I, 280, 64 hilarior: plidiro.

III, 382, 63 hylaris: gemeloch. — II, 234, 23 hilarem: milton. — I, 8, 6 hilares: slehtmot. — I, 156, 2: triu.

hilaritas (Heiterkeit, Frohsinn). IV, 70, 37: milti; vgl. IV, 145, 38.

horrere (erschrecken, ergrausen, zurückbeben). I, 172, 3 horrendus: agisonti. — II, 2, 34 horret: eregisot. — IV, 314, 7 horrere: sih eregison. — II, 3, 47 horret: pismaheta. — II, 658, 29 horrent: furihtent. — II, 435, 17 horreo: irgruvuiso. — M. H. 26, 6, 4 non orruisti virginis uterum: ni leithlichotos thera magidi ref.

horrescere (erschrecken, ergrausen, aufschaudern). II, 432, 46 horrescit: arquam. — II, 95, 46 orrescens: egiso (vgl. despicere); vgl. II, 89, 6; IV, 321, 6. — II, 692, 67 horresco referens: hiersagento erfuriht ih ez. — I, 176, 37 horrescit: ingruet. — II, 110, 44 (velut) horrescens: leidasamot. — II, 316, 9 horrescit: scutisot; vgl. I, 373, 40. — I, 170, 37 horriscis: arscutisot. — I, 173, 1 horrescit: cascutisot. — II, 146, 43 orrescens: uuidaront.

horridulus (schaudernd). III, 188, 61: bibininter; vgl. III, 144, 41.

horrificare (schaurig machen, Schrecken einflössen). II, 697, 26 horrificant: kepruttint.

horror (Grausen, Schreck). II, 415, 58: egiso; vgl. I, 170, 34; 699, 48; II, 321, 53 (vgl. desperatio); 54; III, 241, 73; M. H. 1, 3, 1; 15, 4, 2; 22, 3, 1. — IV, 215, 24: egisot. — IV, 683, 61: ogha. — II, 426, 21: scutilot. — I, 699, 48: stropolot. — II, 349, 21 horrore: in unluste. — IV, 337, 41: zurluste.

humanitas (Menschenliebe, Menschenfreundlichkeit). I, 753, 54 humanitatem: ginada. — I, 753, 54: ginadigi. — II, 295, 24 humanitas: mannaheiti. — I, 753, 54 humanitatem: minna. — II, 295, 24 humanitas: minnihafti, minniharti.

humiliare (kleinmütig, demütig machen). Hatt. 1, 97 humiliatus: theonoter. — Hatt. I, 55: kedeonoter; vgl. Hatt. I, 55; 57. — Hatt. I, 48 humiliatus sum: kedeomuatit pim; vgl. Hatt. I. 49 (2×); 50; 109.

humilis (kleinmütig, demütig). Hatt. 1, 54 humilem: deomuatlihha. — Hatt. I, 106 humiliter: deolihho.

humilitas (Kleinmütigkeit, Demut). Hatt. I, 50: deoheiti; vgl. Hatt. I, 41; 45; 49; 50 (2×); 53; 57; 81; 97; 109; 116. — Hatt. I, 52 humilitatis: deomuati; vgl. Hatt. I, 79: 80, 115.

ignavia (Lässigkeit, Trägheit). I, 184, 27: argida. — I, 379, 31: slaffi; vgl. I, 376, 25; II, 103, 27; 118, 28; 758, 40. — IV, 323, 30: tragi; vgl. II, 118, 28. — I, 184, 27: ungaumi. — I, 100, 8: unuullido. — II, 669, 35: zagaheit; vgl. II, 139, 53 (vgl. pigritia); 281, 18; IV, 145, 67; 263, 22; 353, 18. — II, 103, 27: unvuistuom (ignavia hier in Beziehung gebracht zu ignarus, unwissond); vgl. I, 192,

7; II, 89, 59; 94, 55; 118, 28; III, 188, 14; IV, 321, 46; (vgl. auch II, 139, 53, ignavia, ignorantia).

ignarus (träge, lässig, feige). I, 184, 24 ignarus (= ignavus): arc. — I, 184, 24: plaodi. — I, 427, 22 ignavi: bosa. — II, 641, 20 ignavius: lazzor; vgl. II, 722, 11. — I, 416, 33 ignavi: slaffa. — II, 582, 46 ignavos: traga. — I, 184, 24 ignavus: unpauhnic. — II, 674, 34 ignavi: zagon; vgl. I, 416, 33; II, 563, 68.

ignis (leidenschaftliche Glut). I, 577, 10 ignem: heizmuoti; vgl. I, 568, 5. — II, 551, 43: lust. — II, 528, 59: minna; vgl. II, 529, 50. — I, 534, 39 ignis: zorn. — I, 534, 39: zurnida.

illecebra (Anlockung, Anreizung). III, 417, 35 illecebrae: gespenste; vgl. II, 749, 33; III, 277, 14. — II, 49, 29 inlecebris: kitiginum. — II, 638, 26: lustin; vgl. II, 459, 19. — I, 531, 63: lustungun. — I, 531, 63: lustigunge. — I, 531, 63: lustisungun. — II, 342, 54: unchuskin. — IV, 204, 1 illecebra: unsufarnussi. — II, 342, 54 inlecebris: unarlaupantlich (Verwechselung mit illicitus?).

illicere (anlocken, verlocken, aufmuntern). II, 558, 13 illicit: besuoch. — II, 415, 36: narscunta; vgl. I, 539, 5; IV, 146, 5. — I, 542, 56 inliciar: kidruacit. — II, 608, 25 illexerat: golokkada. — II, 483, 33 illiciunt: irlocint. — III, 417, 34 illiceo: spene. — II, 249, 9 inlectus: farspanen; vgl. I, 282, 24. — I, 526, 45 iuliciar: gispanan uuirda; vgl. I, 367, 26; 543, 26. — II, 478, 37 illicit: inspuon.

impatiens (nicht gern ertragend, ungeduldig). I, 182, 26: uncadultic; vgl. I, 180, 18.

impatientia (Abneigung zu ertragen, Ungeduld). I, 186, 19: uncadulti; vgl. II, 240, 18.

impudens (unverschämt, schamlos). II, 90, 17 inpudenter: smalich. — I, 608, 45 inpudens: scamaloser; vgl. I, 646, 42; II, 186, 43; 600, 28; IV, 203, 35. — II, 167, 23 inpudentes: unscamala; vgl. II, 115, 16; 238, 7. — II, 87, 56 inpudenter: unscamalih; vgl. I, 646, 42; II, 89, 17; 95, 11; 101, 63; 249, 40; IV, 321, 15; 323, 42. — II, 90, 17: unscama. — II, 237, 47 inpudentes: unscamaline. — I, 198, 12 inpudens: unerhaft. — I, 231, 30: unchusker. — II, 750, 20: scamanter (Verwechselung mit pudens). — II, 750, 20: scamaliner (Verwechselung mit pudens).

impudentia (Unverschämtheit, Schamlosigkeit). II, 122, 62: scamalosi. II, 741, 11: unscama; vgl. II, 148, 23. — II, 104, 41: unscamali. — IV, 313, 61 impudentiae: unscameheite. — III, 242, 61 inpudentia: vnchusche.

impudicitia (Unkeuschheit, Schamlosigkeit). I, 769, 3: ungusgida; vgl. Tat. 84, 9.

impudicus (schamlos, unkeusch). IV, 215, 41: u n c h u s c h e r. — Is. 35, 9 impudica (frons): u n s c a m a.

incendere (reizen, erregen, entflammen). I, 196, 14 incendor: i n z u n d i t p i m.

incendium (Zornesglut). II, 196, 64: z o r n.

incitare (erregen, aufregen, anreizen). M. H. 4, 5, 2 gulam nec venter incitiet: k i t a g i n o h u u a m b a k a a n a z z e. — II, 599 51 incitata: i r g r e m i s t.

indignari (für unwürdig halten, entrüstet sein). Otfr. III, 16, 48 für mihi indignamini: b e l g e t v u i d a r m i h. — M. Fr. 13, 25 indignati sunt: u u r t u n a r b o l g a n. — II, 79, 68 indignari: l e i d i z a n; vgl. I, 716, 14; II, 76, 67. — Tat. 112, 3 indignati sunt: u n u u i r d i t u n; vgl. Tat. 97, 6; 103, 3; 104, 6; 112, 3; 117, 4. — I, 702, 36 indignaretur: z u r n t i; vgl. I, 716, 14; 805, 33; 811, 25; II, 65, 58; 71, 33; 74, 13; 389, 5; 393, 72; 648, 39; 661, 66; 671, 20.

indignatio (Unmut, Entrüstung). I, 313, 21: a b u l g i. — I, 451, 9: c h e s t i g a. I, 451, 9: c h e s t i g a n e. — I, 451, 9: c h e s t i g u n g a. — II, 570, 56: l e i d. — II, 321, 5: u n u u i r d i. — II, 204, 50: z o r n; vgl. II, 212, 72.

indulgens (nachsichtsvoll, gnädig, gütig). II, 72, 38 indulgentius: k i n a d l i c h o r.

indulgentia (Nachsicht, Huld, Zärtlichkeit). III, 242, 57: a n t l a z. — M. H. 26, 2, 2: (qui nobis per babtismum donasti) indulgentiam: a n t l a z i d a; vgl. I, 760, 5. — II, 556, 67 indulgentiae: z a r t e s. — II, 510, 28: z a r t u n g a; vgl. II, 563, 50.

iners (schlaff, träge). I, 198, 28: t r a k i i (vgl. piger); vgl. I, 198, 30. — I, 184, 25: u n h o r s c. — I, 184, 25: u n z a i h a n h a f t (vgl. piger). — I, 184, 25: z a i h a n l a z (vgl. piger).

inertia (Trägheit, Unlust zur Arbeit). I, 184, 28: s l a f f i d a. — I, 184, 28: u n h u r s k i. — III, 242, 58: t r a c h e i t.

infremere (murren). II, 443, 41 infremuit: a r g r e m i z o t a, vgl. II, 249, 38. — I, 814, 57: i r g r i s g r i m m o t a.

infrendere (vor Zorn mit den Zähnen knirschen). II, 754, 49 infrendens: z u r n e n t e r.

infrunitus (unverschämt). III, 187, 35: s c a m e l o s e r. — II, 316, 25: u n s c a m a g e r. — IV, 72, 18: v n s c a m a l e r. — III, 247, 7: v n s c h a m e l i c h e r; vgl. IV, 72, 18; 146, 53. — IV, 196, 37: v n s g a m e l i n e r. — IV, 178, 19: s c e m e l (verwechselt mit u n s c e m e l).

ingemiscere (aufseufzen, stöhnen). I, 190, 7 ingemescimus: c h a r o m e s. — I, 192, 23 ingemesco: c h l a g o m; vgl. I, 190, 7. — I, 670, 22 ingemuit: q u a r. — I, 193, 22: a r q u a r. — IV, 220, 8: r a o z. — I, 759, 10 ingemiscit: s o r e g e t. — Tat. 86, 1 (suspiciens in caelum) ingemuit: s u f t o t a. — I, 190, 7 ingemiscemus: a r s u f t e o m e s.

ingluvies (Völlerei). I, 176, 16 inlubies: pismiz. — I, 176, 16: ungaduungan kirida.

inhiare (gieren, gierig trachten nach). I, 493, 31 (et hostes eorum) inhiabant (sanguini): anahilton. — I, 493, 46 inhiare: fnehan. — I, 492, 5 inhiabant: korotun. — I, 492, 5: girsohtun.

inhorrescere (erschaudern, aufschaudern, sich entsetzen). I, 510, 4 inhorruerunt: arekison.

iniquitas (unbillige, gehässige Härte). M. Fr. 18, 5 ploni iniquitate: folle nidhes.

inquietare (beunruhigen). II, 136, 55 inquietari: girrit vuerdan. — Hatt. I, 105 (non) inquietentur (fratres): kiunstillen. — I, 405, 16 inquietasti (me): muotas.

inquietudo (Unruhe). I, 6, 1: sohenti (vgl. petulantia).

insania (wahnsinnige Wut). II, 223, 31 insanie: dera uuoti. — Otfr. IV, 19, 59 für ut insaniam mentis motu corporis demonstaret: iz imo filu zorn uuas.

insanire (in wahnsinniger Wut sein). I, 150, 19 insaniens: capulant (vgl. furibundus, iratus). — I, 154, 18 insanit: crimmit (vgl. furere). — II, 679, 37 insanire: spilon. — II, 190, 54: topon; vgl. I, 631, 24; 700, 5; II, 679, 37; 730, 50; III, 336, 31 (vgl. grassari). — Tat. 133, 16 (demonium habet et) insanit: vvuotit; vgl. I, 763, 20.

insanus (toll, wahnsinnig wütend). II, 185, 65 insanorum: topontero.

insolentia (Überhebung, Übermut). I, 186, 16: camaithait.

insolescere (sich überheben, übermütig werden). I, 493, 8 (ut) insolescat (per licentiam): anakiuuahse. — I, 494, 17: arcuole. — II, 432, 57 insolescat: ungistuomigo, arvueigara. — I, 186, 11 insoliscere: cailan. — I, 495, 2 insolescat: ergeile. — I, 490, 69: irgeilisoge. — I, 490, 69: irgeilisote. — I, 493, 29: giniuuoge. — I, 186, 11 insoliscere: uustillen.

instigare (aufhetzen, anfreizen). I, 699, 68 instigasset: anazti, anhazzote. — I, 296, 48 (tamque ipse Heliodorum) instigasset (ad haec): gispuon. — II, 437, 50 instigant: scraetun. — II, 561, 7 instigant (subitis clamoribus atque flagellis): stoupton.

insultare (wüten). II, 515, 64 (gens) insultat (virtute pari, sed dispari ferro): uuotit.

inverecundus (unverschämt, schamlos). I, 198, 11: unscamahaft. — II, 588, 69: unscamaliniu; vgl. II, 552, 62.

invidere (beneiden, missgönnen). I, 315, 41 invidentes: apunstonte; vgl. II, 187, 63; 238, 56. — M. H. 8, 5, 2 invideamus nomini: apastohem, kataroem neomanne. — I, 28, 7 invido: abanstigom; vgl. I, 201, 7. — I, 201, 7 invidens: apanstic; vgl. Hatt. I, 108. — M. Fr. 29, 22 nescit invidere: ni uueiz abanst. — II, 554, 43 invidentur: erbunnun uuirtun; vgl. II, 559, 48.

invidia (Missgunst, Neid, Hass). Tat. 199, 4: abunst; vgl. I, 28, 14; 269, 30; II, 320, 17; 321, 28; IV, 17, 13 (vgl. odium, rancor); 147, 37; 149, 45 (vgl. livor); Dkm. LVI, 40; Hatt. I, 44; 123. — M. Fr. 31, 10 repleti sunt invidia: abanstotun. — I, 784, 32 invidiam: urpunnun. I, 784, 32: urpunst. — I, 772, 3: ellenunga (vgl. aemulatio). — IV, 313, 23 invidie stimulis: thuruh mina fiantscaf. — I, 269, 30 invidia: nid; vgl. I, 238, 2; 784, 32; IV, 17, 13 (vgl. odium, rancor). — I, 708, 8 invidiam (id est falsam de me suspicionem): vuidarsiht; vgl. I, 719, 29. — I, 708, 8: zuridruuida; vgl. I, 719, 29.

invidiosus (voll Neid). IV, 147, 38: abunstiger.

invidus (missgünstig, neidisch). M. H. 23, 4, 4 invidum: abanstigan; vgl. III, 5, 3; M. H. 3, 4, 2. — II, 767, 37 invida: nidigiu.

invisus (voll Neid, hassend). II, 729, 34 (daemones autem, videntes fiduciam eius), invisi sunt, (et volentes terrere eum, vocabant quandam mulierem): arpunnun.

invitus (wider Willen, ungern). II, 329, 12: kanotter; vgl. II, 91, 19; 252, 4; 273, 59; 332, 73; III, 343, 36; IV, 147, 40. — IV, 147, 40: undanches. — III, 343, 36: vngerner.

ira (leidenschaftliche Aufwallung des Gemütes, Zorn, Erbitterung). II, 320, 18: abulgi; vgl. II, 321, 29; Otfr. V, 19, 23; Hatt. I, 43. — Tat. 21, 8: gibuluht; vgl. Tat. 13, 13; 78, 9; 145, 13; M. H. 4, 5, 1; 8, 6, 2. — IV, 296, 33: gibelg. — I, 60, 8: gapolgan. — IV, 298, 63: gremi; vgl. IV, 301, 32. — I, 790, 12: gremizzi. — Dkm. LVI, 39 irae: nidha. — I, 238, 1 ira: rankason (vgl. iracundia, rancor). — IV, 337, 30 iras: vuotunga. — II, 43, 19 ira: zorn; vgl. II, 198, 21; 380, 10; 11; 707, 35; 713, 33.

iracundia (Neigung zum Zorn, Zorneseifer). I, 247, 5: apulki; vgl. Hatt. I, 43. — IV, 114, 30: crimmi (vgl. ferocia). — I, 238, 1: rankason (vgl. ira, rancor). — I, 60, 7: zoakaratan (vgl. bilis).

iracundus (zu Ausbrüchen des Zornes geneigt, zorneseifrig). I, 315, 21: ghibulahtigher (vgl. ferus). — IV, 112, 43 iracunda: hantigiu (vgl. asper). — IV, 112, 43: sarphiu (vgl. asper). — IV, 126, 52 iracundus: stredentor (vgl. calere, fervidus).

irasci (zürnen). Tat. 10, 1 iratus est valde: balg sih harto. — M. S. Ps. CXXIII, 2 cum irasceretur furor eorum in eos: denne arbolgen ist heizmuoti iro in unsih; vgl. I, 150, 20; IV, 22, 50 (vgl. commovere, turbidus); 56 (vgl. ferox, saevus, truculentus); 59 (vgl. tumidus); Hatt. I, 30; Tat. 99, 5, 125, 8; M. Fr. 12, 21; 15, 15. — IV, 19, 30 iratum: pulh (vgl. saevus). — I, 260, 35 iratus: kipolkan; vgl. Tat. 26, 2. — I, 150, 19: capulant (vgl. furibundus, insanire). — II, 523, 24 iratum: cremizzonten (vgl. fremere). — IV, 126, 54 iratus: grimmer (vgl. ferus); vgl. IV, 19, 30 (vgl. saevus). — Otfr. I, 20, 2 für iratus est valde: inbran in mihil hoizmuati; vgl. Otfr. IV, 19, 57; 23, 16. — IV, 22, 56 iratus: razor (vgl. ferox, saevus, truculentus). — II, 755, 28 iratum: unstumigen.

irritare (erregen, anreizen, aufbringen). II, 576, 7 irritata: arbolgid. — M. Fr. 29, 14 non irritatur: ni bismerot; vgl. M. Fr. 30, 3. — I, 629, 3 ad irritandum (me): zi gigruozanne. — I, 174, 40 inritabo: kremit. — I, 174, 40: kacremit; vgl. II, 653, 40. — I, 810, 20 non irritatur: irgromit ni vuird; vgl. II, 592, 37. — IV, 203, 57 irrito: reizon. — I, 174, 40 inritabo: uuerfiu.

iactans (sich brüstend). II, 710, 32 iactantior: lobgeregero.

iactantia (Sich Brüsten, Prahlen). I, 227, 6: pihcizon (vgl. petulantia). — I, 554, 5: geili; vgl. II, 50, 2. — II, 18, 14: kelfhorzi (vgl. petulantia). — II. 331, 27: romgerni.

iactare (sich brüsten, rühmen, viel zu gute tun). II, 565, 9 iactat: geilit. — II, 165, 42 iactans: gelfligh. — II, 546, 3: gimeit; vgl. II, 658, 36. — II, 546, 3: gimeitlih. — II, 127, 55 iactatum: uparmuotlihes.

iocari (Scherz treiben, schäkern). II, 435, 62 iocantor: frolihо. — I, 800, 12 iocabuntur: spottont (vgl. iucundare); vgl. IV, 309, 1. — I, 800, 12: tagaltont (vgl. iucundare); vgl. IV, 309, 1.

iucundare (vergnügt machen, ergötzen). I, 570, 58 iocundabitur: givrouvit. — II, 760, 25 iocundati: quvnnesamote. — I, 800, 12 iocundabuntur: spottont (vgl. iocari). — I, 800, 12: tagaltont (vgl. iocari).

iucunditas (Ergötzlichkeit, Frohsinn). I, 535, 38 iocunditatem: vrovui; vgl. I, 564, 13. — I, 535, 38: urowide; vgl. I, 564, 13. — I, 10, 7 iocunditas: iucundlih. — I, 10, 7: uunnisami.

iuvare (ergötzen, erfreuen). II, 771, 9 iuvat: koliubit (vgl. dulce facere); vgl. II, 26, 24 (vgl. delectare, dulce facere). — II, 679, 38: lustit; vgl. II, 593, 44.

lacerare (verletzen, verunglimpfen). I, 377, 29: pisprehan. — I, 370, 33 (ne) laceratus (abeat frater tuus): firmulitor. — II, 603, 24 laceraverant: girtun. — II, 488, 18 lacerare: gunsuueron. — IV, 315, 6 lacere, lacerato per tristitiam: charaga.

laceratio (Verunglimpfung). II, 186, 31 laceratione: pispracho; vgl. II, 167, 9.

lacessere (reizen, herausfordern). II, 710, 52 lacessunt: beneckid unsih. II, 251, 27: gigruozant; vgl. II, 428, 9; 476, 46; 524, 43; 601, 54. — I, 704, 26 lacessentes: muton. — II, 601, 54 lacessere: gimuoan; vgl. II, 762, 26. — M. Fr. 30, 6 iniuriis lacessita: doh siu mit arbeitim sii gauuntot. — II, 564, 51 lacessunt: irrent. — I, 704, 26 lacessentes: sceltanta. — II, 760, 32 lacessere: slizzen. — II, 15, 62 lacessant: zeslizent; vgl. II, 19, 43; 20, 56. — II, 577, 13 lacessunt: stuckent. — II, 669, 68 (manibusque) lacessunt (pectora plausa cavis): tollotun.

lacrimari (weinen, jammern). Otfr. III, 24, 57 für lacrimatus est: sih druabta thes muates. — Otfr. IV, 24, 63: riazanter. — Tat. 135, 21 (et) lacrimatus est (Iesus): uuiof. — Otfr. IV, 24, 58 für lacrimatus est: sih zaharin er ninthabeta.

lacrimosus (voller Thränen). II, 34, 2 lacrimosa: clagelicha.

lactare (an sich locken). II, 422, 27 lactat (amico hortata): giuuenna. — II. 503, 31 lactat: lochot; vgl. II, 403, 10. — I, 528, 35 (si te) lactaverint (peccatores): scuntent; vgl. II, 539, 23. — I, 528, 35: spunnent; vgl. IV, 276, 2. — I, 528, 36: cnspenent. — II, 422, 27 lactat: gispana. — II, 488, 15: trostit.

laedere (kränken, wehe tun). II, 168, 13 lesus: arpalcter.

laesio (Verletzung, Kränkung). I, 471, 1 lesiones regis: ungidulti. — I, 471, 1: unhuldi.

laetabundus (voller Freude). I, 546, 22: froontiu; vgl. I, 620, 46.

laetari (sich freuen, Freude finden). I, 218, 23 letans: plithendi. — M. Fr. 35, 13 laetare: frauuui dih; vgl. M. H. 1, 6, 2; 8, 4; Is. 11, 20.

laetificare (freudig stimmen, erfreuen). I, 765, 29 letificet: erfrouue.

laetitia (Freude, Fröhlichkeit). II, 321, 33 inepta letitia: unsitilih frouuida: vgl. Is. 4, 20.

laetus (freudig, fröhlich, heiter). I, 8, 4: plidi; vgl. I, 156, 31. — M. H. 3, 6, 3 leti: froe: vgl. II, 99, 3; 149, 16; IV, 322, 14; M. H. 3, 7, 1; 4, 3, 1; 22, 1, 4; II, 661, 33 letior: rihora.* — II, 629, 31 (pluvia ingenti) laeta (sata diluit): sconon; vgl. II, 633, 49; 634, 44; IV, 337, 45. — II, 661, 33 letior: vuirdigora.

lamentabilis (jammervoll). M. Fr. 28, 19: charalih.

lamentare (wehklagen, jammern). Tat. 64, 12 lamentavimus: uuir uuiofun; vgl. Tat. 204, 1.

lamentum (wehklagen). II, 269, 24 lamenta: chara. — II, 316, 29: clagunga; vgl. IV, 148, 19.

lamentatrix (Klageweib). I, 628, 40 lamentatrices: chlagu. — I, 628, 40: chlagara. — I, 628, 40: chlagerinne. — I, 636, 21 lamentatrix: charara.

lascivia (ausgelassene Lustigkeit, Zügellosigkeit, Ausschweifung). II, 612, 40: golcherzi. — IV, 148, 34: getelosi; vgl. II, 608, 61; 610, 27. — II, 181, 3 (ad) lasciviam: huorlusti; vgl. II, 123, 23; 221, 12.

lascivire (mutwillig, ausgelassen, übermütig sein). I, 667, 38 (sicut vacca) lasciviens: pisontiu. — II, 120, 24 lascivientibus: getilosin. — I, 673, 10 (qui) lasciviatis (in stratis vestris): scerot. — I, 673, 10: screchit; vgl. I, 463, 23; 541, 36. — II, 457, 38 lascivire: spilon; vgl I, 673, 26; II, 406, 77; 466, 60; 477, 63. — I, 667, 38 lasciviens: ungistomer. — I, 205, 14 lascivitur: uuinnit (vgl. luxuriari).

lascivus (übermütig, zügellos, üppig, geil). II, 720, 11 lasciva: gesaide (vgl. cupidus, libidinosus, petulcus). — II, 400, 21: ketilosiu; vgl. I, 561,

20; II, 413, 14; 501, 11; 531, 15; 557, 8; 568, 63; 574, 18; IV, 148, 35. — II, 464, 29 lascivas: hvorino. — II, 470, 45 lascivis: hvorilinen. — I, 586, 56: lascivus: irrer. — II, 605, 46 lascivie: spililiho. — II, 330, 37 lascivis: spiligernen. — I, 562, 23 lascivus: ungidouuiger. — I, 205, 12 lascive: unstillo; vgl. II, 316, 33. — I, 205, 12: uuotenti.

lenire (lindern, besänftigen). I, 542, 32 lenietur: ist kalindit. — II, 697, 14 lenire: kelochon. — IV, 7, 20: kinaden (vgl. mulcere). — I, 537, 74 lenietur: gimammontit vuirdit. — IV, 328, 11 lenio: slihto; vgl. IV, 7, 20 (vgl. mulcere).

lenocinari (durch Lockungen schmeicheln). IV, 330, 6 lenocinante: flehezentomo.

lenocinium (Verführung). I, 202, 10 lenocinia: leitha (vgl. suasio).

libens (willig, gern, mit Lust). II, 170, 60 libentius: giuuilligor. — II, 440, 15 libens: gernvuilligo. — Hatt. I, 30 libenter: cernlihho; vgl. Hatt. I, 44. — II, 295, 16 minus libenter: ungerno. — II, 295, 16: unwilligo. — II, 295, 16: ungivuilligo. — I, 201, 8 libens: lustendi. — Tat. 79, 3 libenter: lustlicho.

libet (es beliebt, ist gefällig). II, 309, 49 libeat: lustit; vgl. I, 92, 7; 201, 10; II, 271, 35; 283, 31; 311, 30; 313, 49; IV, 222, 4. — II, 261, 19 libet: gilustit.

libidinosus (lüstern, ausschweifend, begierig). II, 720, 11 libidinosa: gesaide; vgl. lascivus. III, 187, 8 libidinosus: huorgilustiger.[1])

libido (Lust, Begierde, zügellose Begierde, Wollust). II, 77, 75 libidine: gilusti. — I, 140, 13 libido: firinlust; vgl. IV, 149, 5. — II, 34, 28 libidinis: huorlusdi. — II, 297, 50: huores.

libitus (Gelüste). IV, 149, 6: gilust; vgl. IV, 74, 38.

livere (missgünstig sein). I, 201, 6 livens: nithondi.

livor (Missgunst, Neid). II, 742, 21 livor: apanst; vgl. IV, 149, 41; 45 (vgl. invidia). — II, 227, 34 a livore: stehhunga apanstes. — II, 742, 21 livor: tolc.

luctuosus (traurig, jammervoll, betrübt). I, 168, 31: hiufanti; vgl. I, 203, 36. — I, 158, 32 luctuosa: hiufantlih. — I, 146, 20: hiufida. — I, 168, 31 luctuosus: uuofenti. — I, 158, 32 luctuosa; uuofantlih.

luctus (Trauer). I, 130, 24: uuolf. — I, 130, 24: hiupanti uuoft. — I, 130, 24: hlaufenti uuof.

ludibundus (lustig). II, 435, 4: frolichar; vgl. II, 364, 44; 594, 44.

lugere (trauern). I, 110, 10, luget: hiupit. — Otfr. II, 16, 9 für lugent: rozegemo muate. — I, 674, 10 luxerunt: uuuafton; vgl. Tat. 22, 10; 23, 3; 223, 4.

---

1) I, 586, 48 **libidus** (durch Verwechselung belegt zum Texte: homini livido): huarari.

lugubris (voller Trauer, traurig, jammervoll). II, 145, 67 veste lugubri: caruuati; vgl. II, 350, 46. — I, 283, 30 lucubre mente: kharagemu muate; vgl. I, 342, 12; II, 734, 21. — I, 649, 6 lugubre: charalih; vgl. II, 81, 28; 140, 21. — II, 109, 10 lugubri: claglichemo; vgl. I, 347, 35; 649, 6; II, 488, 63; 666, 55. — II, 734, 21 lucubrem: rozzaga. II, 330, 7 lugubrem: scantlih. — II, 203, 55 lucubre: uhhizenti. — II, 330, 7 lugubrem: uuenaglichi: vgl. II, 331, 34. — I, 353, 20 mente lugubri: muate uuuaflihemu; vgl. I, 426, 63.

luxuria (Geilheit, Üppigkeit). II, 320, 23: firinlust; vgl. I, 203, 32; II, 321, 60; Dkm. LVI, 37. — I, 793, 26 luxurias: keili (vgl. superbia); vgl. II, 406, 59; 680, 50. — III, 416, 41: geilsunge; vgl. III, 419, 61. — II, 498, 5 luxuria: getilosi (vgl. luxus). — IV, 149, 72 luxurie: huorgelust. — II, 228, 63 luxuria: huorspil. — III, 416, 14 luxuria: huorsunge; vgl. III, 419, 61.

luxuriare, luxuriari (geil sein, ausschweifen). II, 755, 14 luxuriat: geilisot. — I, 570, 56 luxuriabitur: lustisot. — I, 205, 15 luxuriatur: firinlust. — I, 205, 14: uuinnit (vgl. lascivire).

luxuriosus (geil, üppig). Tat. 97, 1 (vivendo) luxuriose: firnlustigo. I, 76, 10 luxuriosis: frinlustlihem.

luxus (Ausschweifung, Schlemmerei). II, 413, 18: frazari. — II, 498, 5: getilosi (vgl. luxuria). — I, 203, 31: lust; vgl. II, 647, 43. — II, 637, 31 (ne) luxu (obtunsior usus sit): lusti gifluszidu. — II, 451, 51 luxus: gilust; vgl. II, 619, 1. — I, 203, 31: unlust. — I, 203, 31: urlust. — II, 501, 15: uuunnelust; vgl. IV, 205, 5.

macerare (schwächen, quälen). II, 129, 6 macerari: giseragot vuerdan.

maerere (wehmütig, tiefbetrübt sein, trauern). IV, 332, 9 moeret mens: mornet muot. — I, 209, 12 merit: unfrauuit.

maeror (Wehmut, Betrübnis, Trauer). IV, 331, 41: morna; vgl. I, 284, 12 (vgl. tristitia). — I, 209, 15: sorka. — III, 412, 29 merore: trurunge. I, 638, 6 merore confecta: mit vnvrouvidu irvuerana. — I, 209, 12 metus (Verwechselung mit meror): unfrouui.

maestus (traurig). Tat. 180, 4 maestus esse: mornenti uuesan. — III, 384, 66 mestus: sermuodeger (vgl. tristis). — I, 209, 10: unfro.

metuere (in Furcht sein, fürchten). IV, 331, 15: furchton; vgl. I, 257, 12; Hatt. I, 30. — I, 564, 9 metuendus: forahtliher.

metus (Furcht, Besorgnis). IV, 151, 10: forchta; vgl. I, 92, 13; 209, 29: 258, 9; IV, 304, 37; M. H. 20, 2, 3; 6, 3; Tat. 104, 3; 212, 2; 230, 1.

miserari (Mitleid äussern, Mitleid fühlen). II, 184, 30 miserando: parmanto. — II, 36, 36 miseratus: irbarmendi; vgl. II, 36, 55.

misereri (Mitleid haben, sich erbarmen). Dkm. LVI, 107 miserere nobis: ginadho uns; vgl. I, 261, 13; II, 269, 23; Otfr. III, 10, 9; M. S. Ps. CXIV, 4. — I, 92, 15 miserior: canadic uuirdu; vgl. M. Fr. 12, 7; 14,

20; 23; 26. — I, 817, 31 misereor super turbam: mir irparmet diu menigi; vgl. II, 388, 78; 400, 46; 448, 58. — Tat. 85, 2 miserere mei: milti mir; vgl. Tat. 44, 1; 53, 4; 61, 1; 79, 14; 89, 1; 92, 2; 4; 99, 2; 4; 107, 2; 111, 1; 115, 1; 2. — Tat. 99, 4 misertus: milti.

misericordia (Barmherzigkeit, Mitleid). M. Fr. 4, 15: armherzin; vgl. I, 232, 9; M. Fr. 41, 8. — Hatt. I, 45: armiherzidv; vgl. Hatt. I, 54. — M. Fr. 17, 17: gabarmida. — M. S. Ps. CXXIX, 7: kinada; vgl. M. H. 26, 25, 1. — Otfr. I, 7, 20 für recordatus est misericordiae suae: uuilit er ginadon thon unson altmagon; vgl. Otfr. I, 7, 11; 10, 11. — Is. 37, 19 misericordiam: miltnissa; vgl. Is. 42, 4. — Tat. 4, 6 misericordia: miltida; vgl. Tat. 4, 8; 10; 15; 18; 22, 12; 49, 3; 56, 4; 97, 4; 128, 9; 10; 141, 17.

misericors (barmherzig, mitleidig). M. Fr. 28, 20: armherz; vgl. I, 790, 6; Otfr. II, 16, 17. — M. S. Ps. CXIV, 4: kenadiger. — Tat. 22, 12 misericordes: miltherze; vgl. Tat. 32, 9.

molestia (lästiges, peinliches Gefühl, Pein, Missbehagen, Verdruss). II, 100, 22 molestiam: eruozisal; vgl. II, 111, 54: IV, 322, 55. — II, 296, 16 molestia: siuhhi. — II, 247, 57: suht; vgl. II, 227, 64. — IV, 222, 22: suari. — I, 665, 18: unkifori. — II, 296, 16: unchrefti. — II, 189, 54 molestias: unsenfti. — II, 100, 22 molestiam: vrdreoz; vgl. II, 111, 54; IV, 322, 55. — II, 281, 10 molestia: zorn.

morositas (eigensinniges, grämliches Wesen). IV, 225, 8: gremizzi.

morosus (eigensinnig, grämlich). IV, 225, 15: gremiz.

motus (leidenschaftliche Gemütsbewegung, Trieb). II, 642, 67: arpolganvssi; vgl. II, 401, 42; 420, 38; 431, 41; 477, 25. — II, 642, 50 motu: arpolgannvssidv. — II, 194, 19 motibus: gilustin.

movere (aufreizen, aufregen). II, 167, 57 motos: arquemana. — II, 774, 4 movit: ergremida. — II, 666, 32 nil moveor: ni muo mih.

mulcare (misshandeln). IV, 7, 18: pitretan (vgl. calcare, vexare).

mulcere (beruhigen, lindern, ergötzen). IV, 7, 20: kinaden (vgl. lenire). — II, 434, 59 mulcet: gisuozta. — II, 713, 22 mulcere: loccon; vgl. II, 31, 70; 35, 23; 189, 41; 222, 21; 553, 28; 623, 9; 746, 19; 774, 24; IV, 205, 57; 332, 5. — II, 189, 41 mulcendi: zi gilochonne. — IV, 7, 20 mulcere: slihtan (vgl. lenire). — I, 207, 32 mulcet: slihtento minneot. — I, 207, 32: smilzit; vgl. I, 207, 35. — II, 646, 14: trosta; vgl. II, 166, 46; 295, 50; 488, 16. — II, 295, 50 mulceret: vueihit; vgl. IV, 327, 4.

nausea (Übelkeit, Ekel). III, 281, 57 nausia: vnwillo. — I, 360, 41 nausiam: vuillod. — I, 360, 41: unwilloth. — I, 80, 6 nausia: uuullido; vgl. I, 285, 25; 363, 26; IV, 206, 9. — III, 304, 45: unwiledo. — II, 379, 10 nausea: wllinga; vgl. III, 410, 16.

nauseare (Ekel fühlen). II, 161, 1 nauseo: urdreoz. — IV, 206, 8: vuullon; vgl. I, 557, 5; IV, 326, 13. — IV, 242, 19: mir uuillot; vgl.

II, 376, 63: 379, 9. — I, 357, 5 nausiat: unwillot. — II, 161, 1 nausco: zurlustison.

oblectamen (Ergötzlichkeit). II, 434, 60 oblectaminc: lustisunga.

oblectamentum (Ergötzlichkeit). II, 316, 51 oblectamenta: lohunga; vgl. II, 308, 41. — II, 280, 28: lustisunga.

oblectatio (Ergötzung, Genuss, Lust). IV, 24, 24: pismiz suntlih (vgl. voluptas). — I, 564, 57 in oblectatione: in frouvido. — I, 564, 57: gilustunge. — I, 267, 18 oblectatio: kiuurt unreht.

oblectare (ergötzen). IV, 152, 55 oblectat: geurowet. — II, 390, 25: lochot; vgl. II, 462, 26. — II, 567, 29: lihlochot. — I, 546, 20 oblectaret: lustidoti. — II, 524, 10 oblectaverat: lustosota. — II, 517, 1 oblectat: zertit.

obrigescere (erschrecken). IV, 9, 65 obriguit: eregisot uuarth. — IV, 9, 65: erqhoman.

obstupescere (in Erstaunen, Verwirrung geraten). II, 313, 70 obstupiscat: arhuueme; vgl. I, 545, 37; 547, 14; 578, 8; 585, 38. — IV, 9, 63 obstipuit: ereghisot uuarth. — I, 547, 23 ne obstupescas: ni ortophses. — IV, 340, 15 obstipuisse: girehenan. — I, 578, 8 obstupiscat: irargent. IV, 276, 20 obstupescas: irnarrist; vgl. I, 545, 37. — M. H. 20, 4, 1 obstupent (angeli): stobaroen.

obtrectare (aus Missgunst entgegenarbeiten, aus Neid zuwider sein). I, 534, 44 obtrectat: pisprihhit.

obtrectatio (missgünstige Verkleinerung, Missgunst). II, 167, 3 obtractationis: pispracho. — II, 241, 20 obtrectatio: bisprachida; vgl. II, 497, 35. — II, 566, 44: bisprachni

odisse (hassen). Hatt. I, 37 odisti: fietos; vgl. Hatt. I, 44 (2×). — Otfr. III, 15, 32 für me odit: bi thiu inkunnun sie mih. — Otfr. II, 12, 92 für odit lucem: hazzot thaz lioht; vgl. Otfr. II, 19, 11; Tat. 4, 15; 22. 16; 32, 2; 37, 1; 67, 10; 104, 2; 119, 12; 139, 3; 151, 3; 170, 6; Is. 4, 18. — Otfr. II, 19, 17 für qui oderunt vos: so uuer so iu ubilo gidue.

odium (Hass, Abneigung). IV, 17, 13: apanst (vgl. invidia, rancor). — I, 120, 9 odio habitus fiant habenti. — I, 120, 9: fiantscaf habendi. — II, 2, 11 odio: giuuihido. — Otfr. IV, 7, 15 für odio habent vos: manno haz ouh manogan ubar sie gelegenan; vgl. II, 320, 45; 321, 51; 721, 22. — M. Fr. 30, 10 omne odium: alle nidi; vgl. IV, 17, 13 (vgl. invidia, rancor).

offendere (verletzen, kränken, wehe tun). II, 200, 58 offendant: irbelgen; vgl. I, 285, 42; 367, 25; II, 213, 79; 240, 24; 604, 63; 614, 30. — II, 642, 35 offensa: vurpollaniv.

offensa (Ärgernis). I, 772, 1: polcnussida.

offensio (Ärgernis). II, 128, 68 offensione: pispracha. — IV, 153, 12 offensio: boswara. — I, 811, 1 offensio: irpalgida.

optare (wünschen, verlangen). I, 162, 35 optat: uuunskit.

osor (Hasser). I, 794, 1 osores: leidara. — I, 794, 1: leidezara.

ovare (frohlocken). I, 218, 21 ovans: frauuendi (vgl. gaudere). — I, 38, 39: frao (vgl. gaudere).

ovatio (Freude, Frohlocken). IV, 216, 58: frode.

palpare (schmeicheln, liebkosen). IV, 11, 37: flehan (vgl. blandire). — II, 422, 19 palpas: ginerist. — II, 401, 68: locchost; vgl. II, 422, 19; 539, 19. — II, 422, 19: slihtist; vgl. II, 276, 39.

pascere (weiden, ergötzen). II, 175, 24 pascitur: giurouuit; vgl. II, 179, 48; 194, 74; 274, 59; 467, 63.

passio (Gefühl, Erdulden, Leiden). I, 350, 44 (quamdiu subiacet huic) passioni [= fluxum sanguinis non in tempore menstruali]: achusti; vgl. II, 180, 3. — I, 350, 44: angist. — II, 272, 20 passionibus: dolungun; vgl. Hatt. I, 29. — II, 335, 12 passionis: drouca. — M. H. 16, 2, 2: dera druunga. — I, 756, 15 passiones: dultnussida. — II, 231, 56: lusti. — II, 40, 8 passionibus: kolusten. — Is. 30, 11 passionem: martyrunga. — I, 774, 11 in passione: vngedulte. — II, 332, 4 (et dicere ex occultis et variis aeris) passionibus (accidisse): ungarehhom. — II, 237, 19 passiones: unsite; vgl. I, 759, 1; 9. — II, 731, 40 (oportet autem sumere cibum ad necessitates corporis sustentandas, non tamen) in passione (seu saturitate, corporis): uparazili.

pati (fühlen, dulden). Tat. 199, 5 multa enim passa sum propter eum: managu bin ih thruonti; vgl. Tat. 90, 4; 91, 5; 92, 2; 152, 1; 158, 2; 227, 2; 232, 2. — M. Fr. 29, 12 patiens: dultic; vgl. M. Fr. 29, 17. — Otfr. II, 16, 29 für beati, qui persecutionem patiuntur: salig thie thultent arabeiti; vgl. Otfr. V, 9, 46; M. H. 6, 4, 4; Tat. 22, 15; 60, 3; 64, 10; 90, 5; 92, 3; 161, 2; Hatt. I, 40; 43; 86. — Is. 30, 10 (oportuit) pati: chimartirot uuerdhan; vgl. Is. 27, 7; M. Fr. 39, 11; Dkm. LVI, 94. — Dkm. LVI, 45 passus: giuuizzinot.

pavere (vor Angst beben, zagen, sich ängstigen). I, 368, 9 paveas: plodes. — M. H. 25, 7, 1 paventes: furahtante.

pavescere (sich scheuen, sich ängstigen). I, 662, 51 pavescant: ploden. — I, 662, 51: plodegen. — M. H. 24, 5, 2 paviscit: erfurahtit.

pavidus (furchtsam, ängstlich). IV, 339, 12 pavidum: bloden. — II, 62, 7 pavidus: zaga.

pavitantia (Furcht). IV, 336, 16: uorohteliu trahtuge.

pavitare (in grosser Angst sein). II, 648, 42 pavitans: pipenter.

pavor (Angst, Furcht). I, 170, 36: arquemani. — I, 188, 17 in pavore: in arquemanassi (vgl. formido). — II, 637, 9 pavor: pipinvnga. I, 287, 33: plodi.

pellicere (anlocken). IV, 327, 5 pelliceo: firspanu; vgl. IV, 207, 30.

percussio (qualvolle Strafe). II, 188, 46: haramscara; vgl. II, 169, 29; 55; 189, 37; 192, 5: 243, 16; 257, 43.

percutere (heftig ergreifen, schmerzlich berühren). Otfr. IV, 34, 21 für turba percutiebat pectora· ioh iro brusti bluun. — II, 182, 65 percutere: uillan. — II, 135. 53 percutit: haramscarot; vgl. II, 166, 21; 169, 44; 188. 57; 189, 9. - I. 422, 30 percussit cor: riuvota; vgl. II, 186, 33. — I. 422, 30: ruorta.

perforare (schmerzlich ergreifen). I. 505, 30 perforatur: giharamscarot uvirdit.

perfurere (fort und fort wüten, durchwüten). II. 557, 3 perfurit: uuodit; vgl. II, 665, 1.

permovere (erregen, beunruhigen). II, 426, 39 (periculum) permovet (te): arplodit. -- II, 426, 39: vuigit; vgl. II, 409, 8.

permulcere (beruhigen, liebkosen). II, 656, 4 permulsit: gitrosta. — II, 752. 37 permulcet: slihta.

persultare (frohlocken). Is. 20, 20 (ecce trinam sanctificationem sub una confessione celestis) persultat (exercitus): mendit.

persuadere (mit Erfolg raten, durch Überredung bestimmen, verführen). II, 527, 60 persuasum: keliubit.

pertaesus (überdrüssig). II, 717, 15 pertaesum: athrotan (vgl. odiosus). — II, 653, 3: pidrozan: vgl. II, 655, 62; 686, 44; 696, 8.

perterrere (gewaltig in Schrecken, Furcht setzen). I, 312, 58 perterrita: kibruttiu. — I, 92, 13 metu perterritus: mit forohtun casciuhito.

pertimescere (in äusserste Furcht geraten, sehr befürchten). I, 172, 2 pertimiscit: furahtit; vgl. II, 762, 6. - I, 172, 2: arforhtit; vgl. I, 288, 38.

pertransire animam (schmerzlich ergreifen). Otfr. I, 15, 45 für tuam ipsius animam pertransibit gladius: uuuntot ferah thinaz uuafan filu uuassaz.

perturbare (ganz aus der Fassung bringen). II, 291, 15 perturbata: gremeziu. — Hatt. I, 81 (nemo) perturbetur: duruhtruabit.

pervicacia (Starrköpfigkeit). Is. 35, 8 (Iudei autem) pervicacia (impudice frontis dicunt)· dhurah iro grimmin.

petulans (mutwillig, ausgelassen). II, 343, 59 petulanti: keilemo. — II, 384, 14 petulanter: getiloso; vgl. II, 399, 38; 501, 17; 5.0, 54; 533, 25; 568. 41; 592, 74; IV, 86, 26; 216, 63. — II, 442, 33 petulantius: getilosliche; vgl. II, 605, 4ˇ. — II, 413, 19 (luxus) petulans: hirtilosa. — II, 442, 33 petulantius: huorlihor. — II, 557, 13 petulans: ungestuoma; vgl. II, 538, 7. — IV, 246, 25: uuronisc.

petulantia (Mutwille, Ausgelassenheit, Übermut). I, 227, 6: piheizon (vgl. iactantia). — II, 280, 64: keili; vgl. II, 221, 1. — II, 609, 5: gileherzi. — II, 18, 11: kelfherzi (vgl. iactantia). -- II, 202, 14: ketilosi; vgl. II, 390,

78; III, 252, 65. — I, 6, 1: sohenti (vgl. inquietudo). — II, 280, 64: ungistuomi. — II, 308, 45: unstilli.

petulcus (mutwillig, ausgelassen). III, 188. 66: geiler; vgl. III, 144, 4. — II, 720, 11 petulca: gesaide (vgl. lascivus). — II, 755, 3: unstumigiu.

phrenesis (Wut, Raserei). II, 156, 24 frenesim: auuizzi. — II, 156, 16: hirnuuotigi. — II, 544, 24 frenesis: tobezunga; vgl. II, 459, 42.

phreneticus (wütend, rasend). III, 439, 64: hirnwotiger. — II, 303, 27: topanter; vgl. IV, 170, 43. — IV, 214, 49: tobentiger. — II, 315, 66: uuinnanter. — IV, 222, 15: uuotenter.

pietas (Barmherzigkeit, Gnade). Is. 40, 7 spiritus pietatis: gheist armherzin. — Hatt. I, 32 pietate: gnada.

piger (verdrossen, träg, faul). II, 767, 35 pigro: eruuortenemo. — Hatt. I, 43 pigrum: slaafagan. — I, 198. 29 piger: traker: vgl. I, 198, 28 (vgl. iners); 212, 39; III, 384, 68. — II, 488, 76 pigra: vnsuueren. — I, 184, 25 piger: unzaihanhaft (vgl. iners). — I, 184, 25: zaihanlaz (vgl. iners). — I, 781, 53 pigras: zagelichan (vgl. remissus).

piget (es verdriesst). I, 257, 22: artraket (vgl. taedet). — II, 627, 40: pidruzzit. — I, 257, 22: sorket (vgl. taedet).

pigredo (Trägheit). II, 223, 51 pigridine: slafi.

pigritari (sehr lässig, träge sein). I. 744, 66 ne pigriteris (venire usque ad nos): ni tualos.

pigritia (Verdrossenheit, Trägheit, Unlust). I, 100. 9: slaffida; vgl. I, 229, 11. — I, 100, 7: uuullido (vgl. desidia). — II, 128, 16 pigritiam: zagaheit (vgl. desidia); vgl. II, 463, 30 (vgl. desidia).

placare (beruhigen, besänftigen). I, 651, 64 placatus: holder. — I, 286, 58 placabo: kihuldu; vgl. I, 301, 66; 408. 4: 663, 33. — III, 64, 8 placet: gehvldeget.

placatio (Beruhigung, Besänftigung). II, 224, 53 placationem: holdnissi.

placere (gefallen). I, 236, 14 placitum: anthlognan; vgl. II, 317, 9. — II, 365, 15 placeat: kihulde sih. — I, 207, 34: lihhet; vgl. I, 201, 11; 224, 7; 236, 14; II, 109, 36; 217, 15; Is. 32, 7; M. H. 8, 10, 3; Tat. 131, 11. — III, 64, 7: gelichet; vgl. Tat. 67, 7. — II, 171, 65 placentem: liupa. — I, 236, 14 placitum: slehtan.

placor (Wohlgefallen). III, 220, 60: vgl. hulda; I, 581, 15; 586, 21: IV, 278, 32. — III, 220, 60: maminda; vgl. I, 565, 66; 581, 15; IV, 278, 32. — I, 565, 66 placorem: senfti.

plaga (verwundender, schmerzender Schlag). III, 506, 31: bleiza. — Tat. 108, 6 plagis (vapulavit paucis): fillungon. — I, 604, 46 plaga: haramscaro; vgl. I, 371, 45; 477, 42; 516, 10; 536, 32; 603, 14; 647, 16; 809, 32; II, 266, 34; 506, 44; 587, 42. — I, 516, 10 plagas: ehestiga; vgl. II, 434, 54; IV, 274, 45. — Tat. 60, 4 (quod sanata esset) a plagis:

fon theru suhti; vgl. Tat. 60, 9. — Tat. 64, 2 (curavit multos) a (languoribus et) plagis: fon sueren.

planctus (laute Trauer). I, 810, 32 planctu: uueinode. — I, 426, 20 loci planctus illorum: steti uuuaffes iru.

plangere (in heftiger Trauer an die Brust schlagen, laut trauern). Otfr. IV, 26, 9 für plangobant: siu bluun iro brusti. — Otfr. IV, 26, 8 für plangentes: thaz goriglicha iamar. — Tat. 64, 12 planxistis: ruzut. — Otfr. IV, 26, 7 für plangebant: sie scrirun. — Otfr. IV, 26, 7 für mulieres plangentes: sie uueinotun luto; vgl. Otfr. IV, 7, 37. — Otfr. IV, 26, 5: iruueinotun luto. — I, 190, 8 plangemus: uuoffemes; vgl. M. Fr. 19, 6; Tat. 145, 19.

plorare (schreien, laut weinen, wehklagen). I, 805, 7 ploratus: chlagot. Otfr. V, 7, 19 für quid ploras: ziu kumistu. — Otfr. V, 7, 20: so ungimacho riuzist; vgl. Otfr. V, 7, 1. — Otfr. III, 24, 46 für ut ploret ibi: thaz si thes giflizzi sih sata thar giruzi. — I, 242, 33 plorabam: uuofta; vgl. I, 209, 14; Tat. 10, 3; 135, 19; 21; 174, 4; 221, 4. — Otfr. III, 24, 84 für plorantem: mit zaharin sie thie bigoz.

ploratus (klagendes Schreien, lautes Wehklagen). Otfr. I, 20, 27 für vox in Rama audita est, ploratus et ululatus multus: man gihorti uueinon thoso dati.

poena (Pein, Qual). II, 584, 71 poene minacis: thes filo. — II, 29, 15 poenis: smerzungon. — M. H. 19, 5, 3 poena: uuizze; vgl. M. H. 20, 4, 2; 22, 3, 2, Hatt. I, 29: 31; 47; 48; 52.

poenitentia (Reue). Is. 29, 10 per penitentiam: dhurah hreuun; vgl. Tat. 13, 12; 14; 23; 18, 5; 44, 29; 56, 4; 57, 4; 65, 1; 2: 96, 3; 6; 102, 1; 107, 4; 123, 4: 7; 193, 1: 232, 2; M. H. 26, 3, 3; Hatt. I, 33. — IV, 287, 4 penitentiam agite: hreuuod iuua sundia; vgl. I, 709, 26. — M. Fr. 7, 5 poenitentia ductus: hrau sih. — II, 26, 2 poenitentiam: chara. — II, 61, 3 poenitentie: charegi; vgl. II, 78, 16; IV, 316, 75. — Hatt. I, 75 penitentiae: uuaft.

poenitere (Unlust, Reue fühlen). II, 626, 22 peniteat: rivuo; vgl. I, 257, 25; II, 547, 22; Hatt. I, 42; 94. — II, 567, 64 poenitens: scamente.

poenitudo (Reue). I, 297, 40 penitudine: riua; vgl. I, 400, 41.

praestringere livente oculo mit Neid, Scheelsucht verfolgen). II, 72, 47 (nunc te primum) liventi oculo praestrinxit: girizta. — II, 72, 47: kizuuicta. — II, 70, 54: gremita.

pressura (Bedrückung, Drangsal). Tat. 174, 5 (cum autem peperit puerum iam non meminit) pressure (propter gaudium): thera arbeiti; vgl. II, 294, 61. — Tat. 145, 13 (erit enim) pressura (magna super terram et ira populo huic): thrucnessi; vgl. Tat. 145, 15. — II, 305, 8 pressuram: farduhida.

probare (annehmlich finden lassen, annehmlich machen). II, 130, 26: gilivpan; vgl. II, 130, 25. — II, 132, 25 probatus: livpor.

procacitas (grosse Begehrlichkeit, Unverschämtheit). II, 258, 51 procacitate: pi doro ungivuorido.

procax (sehr begehrlich, unverschämt, ausgelassen, geil). II, 52, 10 procaciter: paldlihho. — II, 453, 37 procaci: frapaldero; vgl. II, 258, 49: 395, 43. — IV, 15, 33 procax: filusprachi. — I, 572, 67 (qui) procax (est ad loquendum): frauclor; vgl. I, 586, 55; 615, 21; II, 29, 66; 34, 30; 772, 62. — II, 49, 37 procaciter: fraualigo. — II, 53, 9: frauuallihо. — I, 645, 21 (omnia haec opera mulieris meretricis et) procacis: frazarcs; vgl. I, 536, 61; 572, 67; II, 442, 35; IV, 260, 45. — IV, 89, 14 procax: fravarer (fravalor und frazarer gemischt). — I, 231, 23: kahosonti. — I, 645, 21 procacis: huorilines; vgl. I, 536. 61. — I, 645, 31: huoriline. — I, 231, 23 procax: hueller; vgl. I, 542, 5; 585, 8; II, 317, 32. — I, 531, 4 procaci: scamalosemo. — I, 531, 4: sinnilosi.

procurare (sorgen für). Tat. 13, 1 procurante: forasuorgentemo.

propitius (geneigt, günstig, gnädig). Tat. 118. 3 (deus) propitius (esto mihi peccatori): milti.

protervitas (Frechheit, Unverschämtheit). II, 574, 18: frazarheit.

provocare (herausfordern, reizen). I, 297, 38 provocabat: gremida. — I, 288, 53 (aquila) provocans (ad volandum pullos suos): cruazenti. — I, 311, 16: ghigruazta.

pudibundus (schamhaft, verschämt). II, 80, 1 pudibunda: scamagaz. — II, 444, 37: scamilicha.

pudicitia (Schamhaftigkeit, Keuschheit). I, 287, 46 pudicitie: kihaltnissa. — II, 522, 51: kisschi. — I, 233, 2 pudicitia: chuskida. — II, 20, 44: mida (vgl. verecundia). — II, 58, 42 pudicitie: scamo. — I, 233, 2 pudicitia: scamahafti.

pudicus (schamhaft, keusch). II, 229, 31 pudica: erhaftiu. — III, 385, 24 pudicus: cuosc. — II, 443, 19 pudicum: reinez. — III, 3, 41 pudicus: scamahaft.

pudor (Scham, Scheu). II, 139, 36: chuski; vgl. II, 72, 45; 140, 3; 389, 24; 444, 37; 507, 50. — II, 586, 42: cuskitha. — II, 653, 65: reini; vgl. II, 450, 47; 528, 62; 529, 49; 6 6, 11; 706, 41. — II, 525, 11: rotemo; vgl. II, 546, 23. — IV, 156, 68: scama; vgl I, 232, 29; II, 63, 45; IV, 90, 19.

pudoratus (schamhaft, keusch). I, 576, 17 pudorata: scamalihiu. — I, 576, 17: scamaliniv.

punire (strafen, peinigen). M. H. 1, 4, 3: uuizzinon.

pusillanimis (kleinmütig). II, 226, 69 pusillanimes: kaluhtige; vgl. II, 227, 5. - Hatt. I, 99: lutcimvate; III, 188, 25 pusillanimis: luzzilmuttiger; vgl. III, 143, 50. — II, 107, 52 pusillanimis (est qui nihil vult adversi pati): missimuoti. — II, 107, 52: ungamuoti.

pusillanimitas (Kleinmütigkeit). II, 107, 52 pusillanimitate: missimvote. — II, 98, 5: ungamuoti. — II, 145, 25: unuuistom. — II, 167, 51: uuoihmuti; vgl. II, 321, 11.

quatere (plagen). II, 539, 77 (virtus) quatit (spurcum latronem): muoit.

querela (Klage, Wehklage, Beschwerde). I, 571, 56 querelam: pisprahha. — I, 571, 56: chlaga; vgl. IV, 157, 12. — III, 619, 54: clagunga; vgl. I, 728, 36; 773, 4 (vgl. querimonia); II, 697, 18; IV, 351, 51 (vgl. querimonia). — Tat. 2, 2 (incedentes in omnibus mandatis et iustificationibus dei) sine querela: uzzan lastar; vgl. I, 560, 23; 772, 30; II, 19, 47; 20, 68. — II, 58, 8 (quid me cotidianis agis) querelis: lastrungin; vgl. II, 63, 21; 67, 30; IV, 91, 15; 157, 15; 317, 25. — I, 817, 1 (sine) querela: meil. — II, 77, 77 (tamen atras pellere curas miserasque fugare) querelas (non posse potentia non est): muothezun. — IV, 338, 51 (ad) querelas: ruoftin; vgl. I, 364, 7. — I, 289, 36 querelas: seccha; vgl. I, 235, 10; 237, 18; 424, 38. — II, 85, 37 (si quidam inventi sunt) sine querela: anu sohunga; vgl. II, 114, 20; IV, 319, 15. — I, 289, 36 querelas: staunga — II, 72, 40 (ius) quaerelae: stouuuones. — IV, 369, 31 querelas: suth.

querelosus (klagend, sich beklagend). I, 797, 25 querelosi: pisprahhara. — I, 797; 25: pisprachili. — I, 797, 34: sceltara.

queri (klagen, wehklagen, aus Unmut klagen, Beschwerde führen). II, 118, 54 questi fuerint: irruoffent. II, 197, 28 queritur: clagot; vgl. II, 20, 67; 59, 58; 64, 31; 65, 44; 68, 10; 71, 11; 72, 58; 163, 17; 177, 57; 189, 28; 203, 60; 214, 78; 241, 1; 257, 41; 611, 46; 677, 52; 683, 2; 691, 10; 744, 1; 754, 17; III, 64, 36; IV, 91, 16; 157, 13; 288, 52; 316, 58; 350, 48. — II, 200, 53: stouuot; vgl. I, 289, 39; 758, 15; II, 163, 7; 177, 57; 214, 78.

querimonia (Klage, Beschwerde). I, 547, 13 querimonias: pagun. — I, 237, 17 querimonia: flizza. — II, 125, 48 querimoniam: chlaga. — I, 773, 4: chlagunga (vgl. querela); vgl. II, 148, 54; IV, 351, 51 (vgl. querela). — II, 318, 39 querimonia: chuma. — I, 235, 7: chumunga. — I, 235, 7: luppi. — I, 471, 45: stauunga; vgl. I, 356, 47; 545, 35; 547, 21. — II, 54, 34 querimoniam lacrimabilem: chlagolichen uuuoft; vgl. II, 66, 23.

querulus (klagend, sich beklagend). IV, 91, 17: clagoliner; vgl. IV, 157, 14. — III, 188, 27: klegore; vgl. III, 143, 62.

questio (Klage). I, 235, 12: sahhunka. — I, 289, 29: strit; vgl. I, 748, 4; 754, 27; 811. 29; II, 288, 48. — I, 289, 29: suahunga. — I, 289, 29: fraha (questio abgeleitet von quaerere).

rabidus (wild, tobend). IV, 127, 54: razzer (vgl. furere).

rabies (Wut, Toben). II, 753, 49 rabiem: razi; vgl. III, 411, 73; IV, 157, 25. — III, 507, 32 rabies: suth. — II, 333, 53 rabiem: unotkrimmi.

rancor (alter Hass, Groll). IV, 17, 13: apanst (vgl. invidia, odium). — IV, 172, 15: parrungi. — II, 23, 12 (nec rigor et) rancor (mentis penetralia turbent): parzunga; vgl. IV, 91, 25; 157, 35 (vgl. acerbitas). — II. 153, 50 rancor: einfieori (vgl. acerbitas). — II, 155. 26: kocco. — II, 153, 26: motto. — IV, 17, 13: nith (vgl. invidia, odium). — I, 328, 1: rankason (vgl. ira, iracundia).

religiosus (gottesfürchtig). I, 733, 53: forahtaler (vgl. timoratus).

remissus (schlaff, lässig). II, 176, 50 remissis: zagun. — I, 781, 53 remissas: zagelichan (vgl. piger).

repellere (abweisen, verschmähen). II, 271, 53 repulsa: farmanoter.

reverentia (Scheu, Ehrfurcht). II, 335, 8: kasceit. — I, 761, 50 (ad) reverentiam: scama (vgl. verecundia). — I, 240. 28 reverentia: uuirthi; vgl. II, 150, 17. — I, 240, 28: æruuirdi; vgl. II. 313, 26; Hatt. I, 48: 59; 61; 119. — IV, 92, 40: eruuirdige; vgl. IV, 158, 9.

revereri (scheuen, fürchten). II, 75, 18 reverendi: egibari. — I, 587, 42 reverimini: furihtet; vgl. I, 469, 37; 819, 42; II, 188, 50; 198, 58. — II, 62, 32 reverendus: forchtlicher.

rubor (Schamröte, Schamhaftigkeit). III, 255, 73: schama; vgl. Tat. 110, 3.

rugire (brüllen). I, 242, 32 rugiebam: cremizota. — I, 242, 32: pram. — I, 154, 17 rugit: cristerimmot. — I, 154, 17: rohot. — I, 242, 32 rugiebam: roz.

rugitus (Brüllen). I, 300, 7: cremizzunga; vgl. I, 301, 13; 306, 39. — I, 500, 51: ruhilothe. — I. 500, 51: weinot. — I, 500, 51: uueuiroth.

saevire (toben, wüten). I, 243, 31 saevit: krimmisot; vgl. I, 154, 19; 290, 68; II, 312, 14. — II, 640, 61: saruisot; vgl. II, 446, 60; 757, 30. — I, 154, 19: slizzit. — III, 276, 26 sevio: ich dobon vgl. III, 301, 39 (vgl. bacchari, grassari). — II, 261, 18 saevientes: ursinnige. — II, 431, 39 sevire: vuotan; vgl. II, 300, 52; IV, 97, 21.

saevitia (Toben, Wut). I, 247, 4: slizzunka. — II, 256. 70: vuti.

saevus (tobend, wütig, grimmig). IV, 19, 50 sevum: pulh (vgl. iratus). — IV, 22, 56 sevus: erbolgan (vgl. ferox, iratus, truculentus). — I, 246, 15: crimmer; vgl. I, 560, 21; II, 83, 25; 85, 50; IV, 19, 30 (vgl. iratus); 319, 17; Tat. 53, 2. — II, 87, 7 sevius: crimlihor (vgl. austerus); vgl. II, 89, 64; 90, 60; 96, 33; IV, 321, 49. — II, 670, 3 sevus: hantago. — IV, 22, 56: razer (vgl. ferox, iratus, truculentus). — II, 632, 19 seve: sarfun. — I, 247, 2 sevus: sleht (vgl. severus). — I, 246, 15: slithic. — I, 258, 23: slizzendi; vgl. I, 32, 28; 36, 27. — I, 2, 21: slizzari.

scandalizare (Ärgernis geben). I, 710, 11 scandalizat te: dih follit. —

I, 715, 4 scandalizaverit: gefellit. — I, 728, 1 qui non fuerit scandalizatus (in me): der sih ne irvellit; vgl. I, 712, 38; 713, 31; 714, 71; 715, 4; 723, 11; 739, 30; IV, 290, 40. — II, 325, 23 scandalizat: girrit; vgl. I, 688, 12; 713, 62; 723, 10; 809, 51; II, 128, 71; 275, 42; 325, 13. — I, 688, 12 scandalizastis: giwirsorotet; vgl. I, 713, 62; 715, 4; III, 413, 79; IV, 289, 54. — Is. 30, 4 (Iudei) scandalizantur (crucifixum): lastront. — I, 715, 15 scandalizat te: merrit dih. — M. Fr. 22, 17 scandalizare suuihhan. — II, 82, 28 scandalizantes: asuichonde; vgl. I, 718, 9. — Tat. 95, 4 (si manus tua) scandalizat te: bisuuicha thih; vgl. I, 712, 38; Tat. 28, 2; 3; 64, 3; 75, 2; 78, 3; 84, 7; 93, 3; 94, 4; 95, 5; 145, 9; 161, 3; 171, 3. — II, 166, 15 scandalizatur: giasuihot. — I, 718, 9 scandalizati fuerint: gesuuichen; vgl. I, 717, 9; 12; II, 275, 42; IV, 291, 63; 314, 26; M. Fr. 9, 15. — II, 733, 1 scandalizatus: zuruuare.

scandalum (Ärgernis). Tat. 161, 2 omnes vos scandalum patiemini in me: alle ir asuuih tholet in mir; vgl. I, 291, 17; 718, 7; 815, 11; II, 134, 69; 176, 41, 62; IV, 314, 24; Tat. 76, 5; 82, 11ᵃ; 90, 4; 95, 3; M. Fr. 10, 4. — I, 815, 11 scandalum: asuihhani. — I, 726, 35 scandala: bosuich. — I, 815, 11 scandalum: gisuihhani. — IV, 292, 29 scandalum patiemini: gisuikad; vgl. I, 718, 12; IV, 292, 34. — I, 794, 36 scandalum: pospurnida. — I, 402, 7: val; vgl. II, 275, 44; 284, 7; 296, 67. — I, 815, 11: gisurihhani. — I, 291, 17: honida. — I, 691, 48: irradun; vgl. I, 713, 27; 714, 21; 715, 10. — IV, 217, 44: irresale. — IV, 289, 67 scandalum mihi es: thu bist mi errislo; vgl. IV, 289, 26. — II, 325, 23 scandalum: girrisal. — I, 715, 10 scandala: merreslon. — III, 411, 33: wirserunge; vgl. I, 691, 48. — I, 291, 17: zuruuarida; vgl. Hatt. I, 61; 122.

severitas (Strenge, Härte, Grausamkeit). IV, 4, 18: abohnassi (vgl. austeritas). — IV, 302, 26 severitatem: grimnussi. — IV, 4, 18 severitas: sarfi (vgl. austeritas). — I, 12, 2: sarphida (vgl. acerbitas, ferocitas). — I, 26, 34: slizzanti.

severus (streng, hart, grausam). IV, 230, 11: grimmer (vgl. atrox). — I, 247, 2: shleht (vgl. saevus).

sollicitare (beunruhigen, aufregen, reizen). II, 102, 55: anazan; vgl. II, 117, 3. — I, 298, 23 sollicitabat (corda virorum): bieschda. — I, 196, 28 sollicitant: pihucgent. — II, 637, 26 sollicitat: gigrvozit. — II, 89, 29 sollicitare: halon; vgl. II, 88, 51; 96, 41; IV, 321, 24. — II, 90, 53: kahalon. — I, 326, 47 sollicitatis: irrith — II, 111, 25 sollicitare: girran; vgl. I, 326, 47: II, 599, 35. — II, 83, 36: skuntan; vgl. II, 85, 58; 92, 70; 96, 41; 102, 55; 117, 3; 138, 1; IV, 319, 22. — II, 100, 1: unrehtes scuntan; vgl. II, 111, 25; IV, 322, 45. — II, 83, 36: spanan; vgl. I, 292, 24; 370, 18; 419, 55; II, 83, 36; 85, 58; 96, 41; 148, 36;

262, 16; IV, 319, 22. — II, 93, 38: erspano; vgl. II, 92, 70. — II, 117, 3: inspennan; vgl. II, 131, 64. — II, 719, 12 sollicitat: uuegida.

sollicitatio (Aufhetzung, Verführung). II, 766, 8 sollicitationibus: kispenstin.

sollicitudo (Kummer, bange Sorge). Hatt. I, 80 sollicitudine: pihucti. — Hatt. I, 72 sollicitudinem: pihuctida. — I, 809, 48 sollicitudo: sorga; vgl. I, 313, 49; M. Fr. 9, 17; Hatt. I, 40. — Tat. 75, 3: suorcfulli. — II, 165, 33 sollicitudinis: sorcsemi.

sollicitus (besorgt, bekümmert). I, 253, 33: pithahdic; vgl. I, 249, 10. — I, 247, 17: pihuctic; vgl. Hatt. I, 46; 51; 105; 111. — M. H. 9, 2, 1: sorgenti. — Tat. 63, 4 sollicita: suorcfol; vgl. Tat. 38, 1; 3; 6; 8. — I, 247, 17 sollicitus: sorchaft. — III, 259, 73: sorcsamer; vgl. IV, 217. 42. — Tat. 38, 3 quid solliciti estis?: ziu sorget ir thanne?; vgl. Tat. 44, 13. — Tat. 38, 8 sollicitus erit sibi ipse: ther bisuorget sih selbo. — Otfr. II, 22, 6 für nolite solliciti esse: mit suorgon ni ratet.

spernere (verwerfen, verschmähen, verachten). I, 253, 7 sprevit: pismahet. — I, 216, 7 ne spernas: ni firhuki; vgl. Hatt. I, 37. — I, 253, 7 sprevit: farmanot; vgl. II, 1, 29; M. H. 1, 6, 3; 22, 3, 2; Hatt. I, 80. — II, 22, 3 spernuntur: gihonit. — II, 380, 14 spernunt: entuuerdont; vgl. II, 116, 13. — Tat. 64, 9 spreverunt: uozarnitun; vgl. Tat. 67, 2; 118, 2; 143, 5; 196, 7.

sponte (aus freiem Willen, Trieb). IV, 20, 15: kerilicho uuillin. — IV, 331, 35: pi selpuuillin.

stimulare (anspornen, anreizen, beunruhigen). I, 741, 8 stimulatus: gianazter. — I, 292, 22 (dolore) stimulatus: kistuncter; vgl. I, 254, 4. — II, 616, 54 stimulatus: ergremit. — II, 35, 45 stimulante: spanenderu. — I, 254, 4 stimulat: stechot.

stomachari (unmutig, ärgerlich sein). II, 91, 13 stomachantis: heizmuotiges.

stridere dentibus (mit den Zähnen knirschen). I, 154, 16 dentibus stridit: feimit (vgl. fremero). — Tat. 92, 2 stridet dentibus: grisgrimmot zenim; vgl. I, 154, 24; 599, 70; 672, 22; 804, 44.

stridor dentium (Zähneknirschen). M. Fr. 16, 6: zano gagrim; vgl. M. Fr. 16, 2; 24. — I, 188, 11: zeni kriscrimmon. — I, 188, 11: cristcrimmod zaneo — I, 713, 29: grisgramunga; vgl. I, 252, 27. — I, 713, 29: claffoth. — Tat. 77, 4 (ibi erit fletus et) stridor dentium: clafunga. Tat. 47, 7 stridor dentium: ceno stridunga; vgl. Tat. 76, 5; 113, 2; 125, 11; 147, 12; 149, 8.

studium (Trieb, Neigung, Lust). IV, 20, 58 studia (in contraria): minna.

stupefactus (erstaunt, ausser sich). II, 755, 47 stupefacta: arpruttero (vgl. attonitus). — I, 10, 11 stupefactus: arquemani.

stupere (verdutzt, betreten, erschrocken sein). II, 768, 18: criligon. — II, 256, 78 stupenda: forhtlihiu. — I, 254, 31 stupit: irqueman ist; vgl. I, 166, 37 (vgl. stupidus); I, 736, 54; II, 423, 44.

stupescere (in Erstaunen, Entsetzen geraten). II, 159, 17 stupescentes: erônte.

stupidus (betäubt, verdutzt, erschrocken). I, 166, 37: arqueman (vgl. stupere).

stupor (Betroffenheit, Schreck). I, 742, 57 stupore: irquemani; vgl. I, 10, 13; 229, 12; II, 72, 14. — II, 525, 27 (praeconibus) stupore (mutis): sturni. — II, 703, 42 (oculos) stupor (urget inertis): stirnilod. — II, 641, 55 stupor: stornunga. — II, 73, 24 (et esset infiniti) stuporis (ommibusque horribilius monstris): wntres.

superbia (Stolz, stolzes Selbstgefühl, Übermut). Is. 29, 6 (quem proiectum) ob superbiam (deus non occidit): dhurah geilin; vgl. M. H. 8, 6, 2; I, 793, 26 (vgl. luxuria). — IV, 142, 31 superbie contemptus: richtuom (vgl. fastus). — I, 6, 3 superbia: ubarmoti: vgl. Hatt. I, 49; 123. — I, 6, 3: ubarhuhet. — II, 110, 61 superbie usus affectu: de weigiri.

superbire (stolz sein, sich brüsten). I, 186, 12: flaozzon. — I, 186, 12: uparhuckon. — Hatt. I, 122 superbiendi: zo ubarmuatonne; vgl. Hatt. I, 123.

superbus (sich brüstend, übermütig, stolz). III, 5, 10: flooz. — I, 138, 7: firuuizi (vgl. fastus). — II, 92, 10 superbe: frabalicho (vgl. contemnere). — II, 548, 19 superbus: frambar; vgl. II, 637, 18: 645, 65. — II, 615, 67 superbo: geilemo. — II, 671, 43 superba: givualtlihiu. — I, 531, 43 superbo: stiurro. — III, 385, 5 superbus: stolzer. — I, 62, 20: uparhuctic; vgl. I, 138, 8; 158, 8. — Hatt. I, 43 superbum: abarmuatan; vgl. I, 198, 5; IV, 161, 55. — II, 757, 41 superba: urmariu.

suspectio (Verdacht). I, 584, 14: soraga.

suadere (gefällig darstellen, zureden, überreden). II, 526, 60 suasit: koliupta. — II, 47, 35 suadet: giluccit (vgl. allicere). — II, 648, 19 suadent: spanent; vgl. II, 442, 26 (vgl. illex); Tat. 119, 6. — Hatt. I, 32 aliqua suadente: mit eddesvvelihha kespanst.

suasio (Überredung, Verführung) Hatt. I, 32 cum ipsa suasione: mit diaselbun kespanst; vgl. Hatt. I, 39.

taeda (Liebe). II, 653, 5 tedeque: iouh dero minno.

taedet (Ekel, Widerwillen fühlen). I, 293, 12: ardriuzzit. — II, 160, 24: pidrioz; vgl. I, 453, 24. — I, 453, 24: zidruzzet. — I, 257, 22: artraket (vgl. piget). — I, 306, 41: pitragit. — I, 300, 9 taedet (me vitae): indiuuirdit; vgl. I, 306, 41. — I, 257, 22 tedit: sorket. IV, 309, 29 (coepit pavere et) taedere: unfrou. — I, 313, 23 taedet me: uulustidot mih; vgl. I, 453, 24. — IV, 21, 32 tedit: suuo in unlust. — I, 293, 12 tedet: urlustit. — I, 293, 56 tedere: urlustison. — I, 453, 24: zvrlustan.

taedium (Ekel, Überdruss). II, 170, 39 (saepe ergo mansueti dissolutionis torpescunt) taedio: mit auuortini. — II, 228, 35 tedio: thruozzisale; vgl. II, 345, 45. — I, 478, 65: tregunge. — II. 190, 24 (saepe ergo mansueti dissolutionis torpescunt) taedio: tualo; vgl. II, 197, 47; IV, 101, 3; 162, 24. — I, 478, 65 tedio: vngivurti; vgl. I, 657, 13; II, 205, 66; 216, 38. — I, 40, 33 tedium: unlust; vgl. IV, 22, 64. — I, 657, 13 tedio: urdruzzi. — III, 450, 33 tedium: vrdruzzisami (vgl. fastidium).

temnere (verachten). I, 257, 20 tempsit: firmanet.

terrere (schrecken, erschrecken, scheuchen). IV, 302, 3 terrerentur: auuorta uurthin. — II, 627, 13 terrebis: bruttos; vgl. II, 310, 2. — Tat. 145, 4 nolite terreri: ni curit uuesan gibruogito; vgl. Tat. 226, 1. — IV, 21, 49 territus: kiforhtit (vgl. turbare). — IV, 21, 49: kitruobit (vgl. turbare). — Otfr. V, 15, 26 für quoties territus eius passione: ther er so sero hintarquam. — I, 258, 5 terris: sciuhis. — I, 257, 37 terretus: kisciuhit. — II, 613, 22 terrebant: schuddun.

territare (schrecken, in Schrecken setzen). II, 522, 77 territat: erbruttet.

terror (Schrecken). Tat. 145, 5 terrores: bruogon. — IV, 162, 47 terror: egeso; vgl. I, 209, 31; 258, 7; Hatt. I, 38; 105. — III, 260, 74: forhta.

timefactus (in Furcht gesetzt, erschreckt). I, 750, 45: irquemaner (vgl. tremefacere).

timere (sich fürchten, besorgt sein). I, 150, 21 timens: antsiccnti (vgl. formidare). — Otfr. I, 5, 17 für ne timeas: nih brutti thih muates. — Otfr. V, 4, 39 für nolite timere: thaz unser iuih egiso. — IV, 298, 37 timui: echopada. — M. S. Ps. CXIII, 13 timent: furihtant; vgl. I, 150, 22; 731, 20; 27; IV, 23, 56 (vgl. vereri); Otfr. IV, 31, 7; M. Fr. 10, 3; 15, 2; 39, 3; 12; Tat. 2, 5; 3, 4; 4, 6; 5, 8; 6, 2; 11, 3; 19, 9; 35, 3; 44, 17; 19; 53, 12; 60, 11; 79, 2; 3; 81, 2; 4; 91, 3; 122, 2; 123, 2; 124, 6; 132, 13; 149, 6; 151, 7; 197, 7; 205, 5; 210, 1; 217, 5; 218, 3; 223, 3; 230, 2; Hatt. I, 33; 40; 43; 50; 80; 101; 120. — Hatt. I, 123 timentium: forahtero. — Tat. 6, 1 timuerunt: giforhtun; vgl. M. Fr. 1, 22. — Otfr. IV, 34, 15 für centurio et qui cum eo erant timuerunt valde: ther sculdheizo irquam es filu heizo. — Otfr. I, 5, 18 für ne timeas: thines anluzzes farauua ni uuenti.

timidus (furchtsam, scheu). III, 19, 58: forahtal; vgl. I, 258, 27; Tat. 52, 5. — IV, 102, 50: uorhtlicher; vgl. II, 301, 17; IV, 163, 5. — I, 258, 27 timidum: trac.

timor (Furcht, Besorgnis). I, 170, 35: forahta; vgl. I, 188, 18; 728, 39; 731, 21; II, 149, 23; III, 5, 47; IV, 163, 3; Tat. 2, 4; 4, 13; 16; 6, 1; 49, 5; 54, 9; 81, 2; 145, 15; 217, 4; 219, 1; Is. 40, 9; M. H. 15, 4, 2;

Otfr. III, 8, 25; Hatt. I, 31; 42; 46; 50; 57 (2×). — Otfr. I, 10, 76 für sine timore: unforahtenti. — I, 761, 58 timore: leide. — II, 445, 9 timor: vntrost. — Otfr. I, 4, 25 für timor irruit super eum: farauuun er uuanta.

timoratus (gottesfürchtig). I, 733, 53: forahtaler (vgl. religiosus). — I, 726, 14: giuorhtelaror. — I, 726, 14: vorhtiger. — I, 726, 14: gotivorahtelar; vgl. I, 806, 5. — Tat. 7, 4: gotforht.

tormentum (Marter, Plage). Tat. 107, 2 (elevans enim oculos suos), cum esset in tormentis (vidit): mit thiu her uuas in uuizin; vgl. Tat. 22, 2.

torquere (martern, plagen). Tat. 42, 2 (puer meus iacet paralyticus et) male torquetur: ist ubilo giuuizinot; vgl. Tat. 53, 6.

torsio (Marter, Plage, Grimmen). I, 601, 49 torsiones (et dolores cor tenebunt): magapizadun. — I, 619, 54: uuantalunga. — I, 623, 11: uuizzin.

tortura (Marter, Grimmen). I, 579, 37: haramscara. — I, 578, 43: cholunga. — I, 585, 42: leit. — I, 578, 43: magapizido.

torvus (wild, grimmig). II, 563, 52 torva: erbolgena; vgl. II, 395, 3. — II, 755, 4 torvis: egislihan. — IV, 317, 17 torvos: cremizliche (vgl. formidabilis).

tremefacere (erzittern machen, in Schrecken setzen). II, 441, 59 tremefecit: giprutta. — I, 750, 45 tremefactus: irquemaner (vgl. timefactus); vgl. II, 648, 70.

tremere (erzittern vor). Tat. 60, 8 (videns autem mulier) tremens venit: bibento quam.

tremor (Beben, Schreck). III, 5, 48: piped. — Hatt. I, 98 tremore: bibun. — Hatt. I, 61: forahtun.

tremulus (bebend, zitternd). IV, 163, 42: bibiliner. — IV, 104, 39: forhtlicher.

trepidare (eilfertig, in Unruhe, ängstlich sein). M. Fr. 39, 10 trepidat: forhta. — I, 218, 25 trepidans uuilleondi.

trepidatio (ängstliche Eilfertigkeit, Unruhe). II, 104, 23: forhta; vgl. II, 120, 51. — II, 104, 23: scutisod.

tribulare (drücken, plagen). II, 267, 57 tribulabitur: gimuit. — I, 585, 51 tribulet: kiurdriozzot.

tribulatio (Drangsal). I, 52, 3: arapaiti; vgl. I, 259, 1; II, 266, 14; M. Fr. 19, 2; M. S. Ps CVII, 12; Ps. CXIV, 4; Tat. 75, 2; 145, 6; 14; Otfr. IV, 7, 31; V, 19, 24; Hatt. I, 43; 53. — Otfr. V, 19, 24 für dies tribulationis et angustiae: managoro angusti. — Otfr. V, 19, 24: thar si mihilaz githuing. — I, 442, 35 tribulationis: noht. — M. Fr. 9, 14 tribulatio: pina.

tripudiare (vor Siegesfreude tanzen, frohlocken). IV. 22, 6 tripudiantos: mendente (vgl. gaudere).

tripudium (Siegesfreude). IV, 22, 4: mendin (vgl. gaudium).

tristare (betrüben). I, 6, 10 tristor: unplidhem: vgl. I, 209, 13. — I, 6, 10: unfrau. — I, 6, 10: kaunfrauuit pim; vgl. I, 112, 21.

tristis (traurig, verdriesslich, betrübt). II, 423, 16 tristibus: freislichan. — II, 488, 44: freissamon. — Tat. 180, 5 tristis est anima mea: gitruobit ist min sela; vgl. Tat. 35, 1; 106, 3; 224, 4. — II, 633, 31 (et ora) tristia (temptantum sensu torquebit amaro): gizuochana. — I, 538, 10 tristis facies: gremizaz; vgl. I, 574, 15; M. H. 19, 5, 1. — II, 656, 62 tristis: cremizziger. — I, 566, 32 quid triste: leides; vgl. IV, 302, 58. — II, 66, 48 tristis: riveger. — III, 384, 66: sermudeger (vgl. maestus). - Otfr. V, 9, 14 für estis tristes: get drurento. — II, 423, 45 tristia (sidera palluerunt): dia tvnchalun. — I, 34, 39 tristis: unplidhi; vgl. I, 209, 11. - Otfr. V, 9, 13 für qui sunt hi sermones et estis tristes: uueist iuer redina ioh iuer unfreuuida? — IV, 338, 23 tristia: vnuuatlichiu. — I, 268, 21 tristi: unfro (vgl. vultuosus); vgl. I, 566, 32. — II, 650, 41 mea tristia facta: mina zagaheit.

tristitia (Traurigkeit, Betrübnis). Tat. 172, 2: gitruobnessi; vgl. Tat. 174, 4; 5; 6; 182, 4. — I, 284, 12: mornun (vgl. maeror). — II, 320, 19: unfreuuida; vgl. II, 321, 30. — IV, 4, 16: unfroi (vgl. angor).

triumphare (triumphieren, frohlocken). M. H. 19, 3, 3 triumphans: sigufaginont.

triumphus (Triumph, Siegesfreude). IV, 22, 8 triumphum: mendin (vgl. gaudium). — IV, 22, 8: sigumendin (vgl. gaudium.)

truculentus (unfreundlich, wild). IV, 22, 56: erbolgan (vgl. ferox, iratus, saevus). — III, 262, 42: grimmer; vgl. IV, 105, 12; 163, 61. — IV, 22, 56: razer (vgl. ferox, iratus, saevus). — III, 385, 21: wudrich (vgl. atrox).

trux (grimmig). I, 261, 37: aarinpo (vgl. atrox). — II, 545, 78 truci: egislichemo. — II, 540, 65: gremizes; vgl. II, 555, 37. — II, 478, 46 trucis: grimmin. — Dkm. LXI, 18 trux: ungahiuri. — I, 261, 39 trucis: unkitrasum.

tumidus (vor Stolz aufgeblasen, vor Zorn aufwallend). IV, 22, 59 tumida: erbolgan (vgl. iratus). — IV, 163, 68 tumidum: forchtlicher. — III, 385, 6: hohmuodeger. — II, 715, 49: muotgeiler.

tumor (Aufgeblasenheit, Stolz). II, 321, 1 tumor mentis: hohmuati.

tundere (schlagen, quälen). M. H. 18, 2, 2 tundimus (casta pectora): pliuames. — II, 188, 43 tundimur: giharamscarot.

turbare (beunruhigen, in Aufregung versetzen). Otfr. III, 8, 9 für turbati sunt: angusti sie ruartun. — IV, 21, 49 turbatus: kiforhtit (vgl. terrere). — Otfr. I, 4, 23 für turbatus est: hintarquam harto; vgl. Otfr.

III, 8, 23. — Otfr. IV, 15, 3 für non turbetur cor vestrum: ni riaze iuer herza. — Otfr. IV, 12, 2 für turbatus est spiritu: sih druabta sines muates. — IV, 21, 49 turbatus: kitruobit (vgl. terrere); vgl. I, 307, 32; Tat. 2, 4; 3, 3; 8, 2; 63, 4; 81, 2; 108, 7; 135, 21: 139, 5; 158, 3; 162, 1: 165, 6; 230, 4; Otfr. I, 17, 31. — Otfr. IV, 12, 1 für turbatus est spiritu: uuard er unfrauuer. — I, 307, 32 turbastis me: givnfrovuitot.

turbidus (aufgeregt). IV, 22, 50: erbolgan (vgl. commovere, iratus). — Otfr. III, 7, 16 für turbida et tumentia saeculi huius volumina: mit mihileru unstati. — II, 488, 7 turbidarum: vnsuueron. — II, 442, 52 turbidus: zornager; vgl. II, 445, 16; 713, 35. — II, 432, 10 (nil) turbidum: zornliches.

turbor (Unruhe, Aufregung). I, 569, 54 turbore: zornmuote.

turbulentus (aufgeregt). Hatt. I, 121: truabaler. — Hatt. I, 80: unidarmuater. — II, 53, 27: zornager.

tyrannicus (wütend). IV, 22, 69 tyrannide (als tyrannico vom Glossator gefasst): crimlicho. — II, 222, 47: uuotgrimliho — II, 222, 47: liuthazlihho. — II, 92, 62 tyrannica usurpatione: mit liuthazzigiro mesbruchidu. — II, 346, 26 unius tyrannica auctoritate: eines uuidaruuartlihemo hertuome.

tyrannis (Schreckensherrschaft, Wüten). II, 50, 27 tyrannidem: krimmin. — II, 50, 62 tyrrannides: crimmida. — II, 583, 30 tyrannide: grimnussi. — II, 50, 27 tyrannidem: uuotagin. — I, 503, 6 tyrannidis: vuotrihtuomes. — II, 366, 3 sub tyrannide licinii: under themo godouuoden.

tyrannus (Wüterich). I, 298, 45 tiranni: liuthazeri. — I, 258, 21 tirannus: uuotanherz. — II, 97, 45: uuoterimmer. — IV, 217, 61: woterich; vgl. III, 261, 34: IV, 164, 4; 5.

ululamen (Heulen, Geheul). II, 424, 49 ululamina: vuebrunga.

ululare (heulen, heulend beklagen). IV, 318, 42 (flere dum parat), ululat: hulet. — II, 444, 15 ululanda: zachlagvnna. — M. H. 19, 1, 4 (gemens infernus) ululat: uuafit; vgl. I, 397, 65 (vgl. eiulare). — I, 397, 65 ululavit: vueuereta (vgl. eiulare).

ululatus (Heulen, Wehklage). I, 263, 7: hiufendi. — I, 805, 9: uvoinot.

urgere (belästigen). I, 269, 19 urgeat: peite: vgl. I, 294, 51; 411, 52; 665, 16; II, 305, 25: IV, 222, 42. — II, 59, 7 urgere: besvvaren; vgl. II, 67, 48. — II, 529, 13 urget: notit: vgl. II, 219, 44; 437, 60; IV, 221, 43.

vagatio mentis (Neigung). II, 321, 14 vagatio mentis (erga inlicita nascitur): moatscahi. — II, 321, 14: moathsorchi.

venus (Geschlechtsliebe). III, 637, 58 veneris: hvoris. — II, 634, 14 venerem: lust.

verecundari (Scheu haben). II, 204, 28 verecundantium: scamalinero; vgl. II, 216, 52.

verecundia (Scheu, Zurückhaltung). II, 343, 60 verecundiam: erhafti; vgl. II, 733, 34. — II, 20, 44 verecundia: mida (vgl. pudicitia). — II, 343, 60 verecundiam: scamali. — II, 296, 19: scamun; vgl. I, 211, 25; 233, 5; 761, 50 (vgl. reverentia); 776, 11; II, 174, 63; III, 264, 7; IV, 164, 51; Hatt. I, 91. — I, 242, 21 virigundia: unkihaba.

verecundiosus (voll Scheu, Zurückhaltung). I, 164, 7 verecundiosa: scamalih.

verecundus (scheu, schamhaft). II, 167, 25 verecundi: scamaliha. — II, 167, 48 verecunda: scamaliniu; vgl. II, 186, 45; 238, 15; 404, 10.

vereri (scheuen). II, 332, 58 verebatur: forhta; vgl. I, 547, 30; II, 81, 27; 657, 52; 685, 39; IV, 23, 56 (vgl. timere); 222, 17. — I, 486, 23 non vereatur: ni scame sih. — II, 388, 43 verendum (locum): scamilina; vgl. II, 393, 39; 507, 48.

vexare (hart mitnehmen, plagen, quälen). IV, 7, 18: pitretan (vgl. calcare, mulcare). — II, 736, 54: pinon. — Tat. 85, 2 (filia) male (a demonio) vexatur: ubilo ginuegit ist; vgl. Tat. 44, 1; 60, 10. — I, 264, 33 vexat: uornet; vgl. I, 264, 36. — I, 234, 32: uuizzinot. — Otfr. III, 10, 11 für a daemonio vexatur: ist in unuuizzin.

vexatio (Hartmitnehmen, Plage). I, 78, 9: unroa edho uuinnandi.

viscera (Neigung, Liebe). Tat. 4, 18 per viscera misericordie dei nostri: thuruh innuouilu miltida unsares gotes. — II, 126, 17 viscera: minna.

voluntas (Wille, Neigung, Verlangen). Tat. 13, 6 ex voluntate carnis: fon fleiskes lusti. — I, 804, 31 voluntate: gilusti. — I, 196, 27 in uoluntatibus: in uuilleon (vgl. voluptas).

voluptas (Vergnügen, Genuss, Lust). IV, 24, 24: pizmis suntlih (vgl. oblectatio). — II, 523, 33 prona voluptas: kerehafter uuillo; vgl. I, 196, 27 (vgl. voluntas). — I, 267, 17 voluptas: firinlust. — II, 318, 35: uunnilust; vgl. Hatt. I, 35. — II, 720, 13: vvolnusce. — II, 384, 68 voluptatem: zart; vgl. II, 391, 6; 399, 62; 483, 51; 547, 43; 569, 24.

voluptuosus (voll Vergnügen, voll Wonne). I, 638, 31 voluptuose: uvnnisamo.

vulnerare (verletzen, wehe tun). I, 699, 44 vulnerabatur: giseragot vuard. — I, 699, 44: giserot wart.

vulnus (Schmerz, Leid, Liebeslust und -Leid). II, 666, 30 vulnera: leid. — II, 551, 40: lust. — II, 690, 18 (Iuno servans sub pectore) volnus: zorn.

vultuosus (finster, verdriesslich). I, 268, 21: unfro (vgl. tristis).

zelare (eifern). I, 810, 37 zelatus (est): anadota; vgl. I, 446, 41; 447, 69; 585, 53; 690, 39; 747, 34; II, 291, 10; 312, 52. — I, 583, 33 zelatus (sum): pilidota. — I, 670, 35 zelatus est (dominus terram suam): piscirmta: vgl. I, 685, 12; 690, 39; 810, 37. — I, 787, 41 zelatis: ellinont. — I, 515, 69 zelaveris: figidos. — I, 515, 69: fient ist. — I, 515, 69: vehest: vgl. IV, 274, 43. — I, 515, 69: hazest; vgl. I, 568, 20; 787, 41; IV, 274, 43. — I, 568, 20 zeles: helest. — I, 585, 53 zelantibus: minnontun. — I, 670, 35 zelatus est (dominus terram suam): wizinet; vgl. IV, 283, 15. — IV, 278, 10 zeles: zurnest.

zelosus (eifernd). I, 269, 31: ellenhaft.

zelotes (Eifernder, Eifersüchtiger). III, 408, 7: andic. — I, 335, 55: anto. — I, 725, 14 (Simonem, qui vocatur) zelotes: peiscerer; vgl. IV, 211, 23. — III, 408, 7 zelotes: richelic. — I. 725, 14: scarfer.

zelotypia (Eifersucht). IV, 211, 22: anadihtich. — I, 363, 8 zelotipie: dera einsnelli, — IV, 259, 11: firneshcerni. — I, 364, 14: firiuuisgerni. — I, 295, 56: fradi. — IV, 166, 39 zelotipia: zichtige. — I, 358, 23 (si spiritus) zelotypie (concitaverit virum contra uxorem suam): bicihti. — IV, 111, 33 zelotipia: inziht; vgl. I, 359, 34; 576, 11. — IV, 111, 33: inzihtiga; vgl. I, 576, 11; II, 53, 44; 603, 47. — I, 295, 56 zelotipie: zorna.

zelotypus (eifersüchtig). III. 417, 40: archwaeniger; vgl. III, 144, 20; 188, 45. — I, 561, 34 zelotipa: piziganiu. — II, 53, 48 zelotipus: bizihtiger. — IV. 166, 38: inzichtiger. — IV, 211, 20: brustich. — Hatt I, 121: einstriter. — IV, 211, 20: nithsuuilliger.

zelus (Eifer. Eifersucht). I, 746, 8 zelo: apanste. — I, 28, 12 zelus: anado: vgl. I, 269, 29; 746, 8; II, 172, 69; Hatt. I, 44; 124. — Tat. 117, 3 zelus (domus tue comedit me): ellan. — Hatt. I, 120 zelo: minnv. — I. 623, 3 (et aufertur) zelus (Ephraim): moht. — M. Fr. 31, 10 repleti zelo: nides folle. — II, 18, 25 zelo: zorne; vgl. II, 172, 75; 205, 69; 213, 6; 234, 68; 459, 59; 771, 55.

B. Klassifikation.

Der Ausdruck Gefühle bezeichnet sowohl die einfachen, als auch die zusammengesetzten Gefühle und Affekte der modernen Psychologie[1]).

1. Einfache Gefühle sind die subjektiven Elemente der Erfahrung, die mit den Elementen des objektiven Erfahrungsinhaltes sich als Produkte der psychologischen Analyse der unmittelbaren Erfahrung ergeben.

2. Zusammengesetzte Gefühle sind 'Zustände von einheitlichem Charakter, in denen zugleich einzelne einfachere Gefühlsbestandteile wahrzunehmen sind. In jedem derartigen Gefühle lassen sich daher Gefühls-

1) Die psychologischen Auseinandersetzungen der Arbeit schliessen sich eng an Wundts Grundriss der Psychologie. 6. Auflage. Leipzig 1904 an. Was in Anführungszeichen steht, ist ohne jede Veränderung übernommen.

komponenten und Gefühlsresultante unterscheiden. Als letzte Gefühlskomponenten ergeben sich hierbei stets einfache Gefühle'.

3. Affekt nennen wir den zusammenhängenden Verlauf einer zeitlichen Folge von Gefühlen, 'der sich gegenüber den vorausgegangenen und den nachfolgenden Vorgängen als ein eigenartiges Ganzes aussondert, das im allgemeinen zugleich intensivere Wirkungen auf das Subjekt ausübt, als das einzelne Gefühl'.

Die bequeme Bezeichnung Gefühl wird im folgenden beibehalten, ohne den Versuch einer Unterscheidung zu machen, ob ein einfaches, ein zusammengesetztes Gefühl oder ein Affekt im einzelnen Falle gemeint ist. Die Sprache besitzt kein Mittel, eine derartige Scheidung konsequent durchzuführen, sondern braucht ihre Ausdrücke unterschiedslos für alle Gefühle.

Eine Einteilung und Aufzählung der Gefühle geschieht am besten in Berücksichtigung ihrer Qualität. Sie erhebt keinen Anspruch auf Vollständigkeit. Der Sprache ist es unmöglich, den Gefühlen entsprechend, eine unbegrenzte Anzahl von Bezeichnungen zu schaffen; sie greift gewisse besonders ausgeprägte Unterschiede heraus, denen dann alles Ähnliche eingeordnet wird. In diesem Sinne ist jede Bezeichnung ein Klassenbegriff, der eine Fülle qualitativ nuancierter Gefühle in sich schliesst.

Innerhalb der Mannigfaltigkeit der Gefühle lassen sich verschiedene Hauptrichtungen unterscheiden, die sich zwischen Gefühlsgegensätzen von dominierendem Charakter erstrecken. Solche Hauptrichtungen können daher durch je zwei Bezeichnungen ausgedrückt werden, die jene Gegensätze andeuten. In diesem Sinne lassen sich drei Hauptrichtungen feststellen: wir wollen sie die Richtungen der Lust und Unlust, der erregenden und beruhigenden und endlich der spannenden und lösenden Gefühle nennen. Ein einfaches Gefühl kann entweder alle diese Richtungen oder nur zwei derselben erkennen lassen, oder es kann auch einer einzigen unter ihnen angehören'. Die zusammengesetzten Gefühle und Affekte sind durchgängig gemischte Formen. Es kann im allgemeinen eine jener Gefühlsrichtungen als die für ein bestimmtes Gefühl primäre angesehen werden, an die sich dann Gefühlselemente, die den anderen Richtungen angehören, als sekundäre Bestandteile anschliessen.

Unter den 3 Gefühlsrichtungen hat in den von der Sprache geschaffenen Bezeichnungen eine vor allen anderen Beachtung gefunden: die Richtung, die sich durch die Gegensätze Lust und Unlust charakterisiert. Die von der Sprache geformten Begriffe lassen sich in 3 Klassen ordnen:

I. Bezeichnungen subjektiver, hauptsächlich nach dem Gemütszustand selbst unterschiedener Gefühle.

II. Bezeichnungen objektiver, auf einen äusseren Gegenstand sich beziehender Gefühle.

III. Bezeichnungen objektiver Gefühle, die sich auf äussere Ereignisse beziehen, die erst in der Zukunft zu erwarten sind.

Diese Einteilung liegt der nachfolgenden Klassifikation der althochdeutschen Bezeichnungen für die Gefühle der Lust und der Unlust zu Grunde. Bei dem schon erwähnten Mangel der Sprache an Ausdrücken, die den ungezählten, fein gefärbten Abweichungen verwandter Gefühle Rechnung tragen, und bei der sich hieraus ergebenden Notwendigkeit, alle verwandten Gefühle unter einem Sammelbegiiff zu vereinigen, ist es aber oft nicht leicht eine Scheidung der Gefühle nach den hier entwickelten Gesichtspunkten durchzuführen. Vor allen Dingen bereiten uns die zusammengesetzten Gefühle und Affekte, deren Komponenten oft verschiedenen Klassen angehören, Schwierigkeiten. So wird sich im folgenden wiederholt dieselbe althochdeutsche Bezeichnung das eine Mal in dieser, das andere Mal in jener Klasse vorfinden, je nachdem sich das lateinische Wort, zu dem sie gehört, einordnet.

Die Variationen eines und desselben Wortes der Sammlung sind in der Klassifikation nicht berücksichtigt. Es wurde eine passende Form ausgewählt, und diese beim Verbum im Infinitiv, beim Substantiv und Adjektiv im Nominativ singularis angeführt. Sobald sich die Grundform nicht mit Sicherheit feststellen liess, wurde das Wort ohne jede Änderung, genau wie in der Sammlung, verzeichnet.

I. Bezeichnungen subjektiver, hauptsächlich nach dem Gemütszustand selbst unterschiedener Gefühle.

a. Voces mediae.

Gefühl, Erdulden, Leiden:

achust, angust, dolunga, drouca, druunga, duitnussida, lust, gilust, martyrunga, uparazilu, ungidult (passio); ungarchhom (passioni); unsitu (passio).

fühlen, erdulden, leiden:

thruen (pati); thultan (ferre, pati); dultic (patiens); chimartirot uuerdhan (pati); giuuizzinot (passus).

b. Bezeichnungen für das Gefühl der Lust.

Freude, ausgelassene Freude, Siegesfreude, Vergnügen, Lust, Ergötzlichkeit, Fröhlichkeit, Frohlocken, Frohsinn, Heiterkeit:

blidida (exultatio); er ist thir herzblidi (erit gaudium tibi); vrovui (iucunditas); frode (gaudium, iucunditas, laetitia, ovatio); froinesse, gifeho (gaudium); cuatspellon (nuntio vobis gaudium, evangelizo); iucundlih (iucunditas); mendi (gaudium, tripudium, triumphus); mendislo (exultatio); sigumendin (triumphus); des mendento (prae gaudio illius); milti (hilaritas); uunnisami (iucunditas).

sich freuen, sich mitfreuen, sich ausgelassen freuen, vor Freude ausgelassen sein, vor Siegesfreude tanzen, triumphieren, Freude finden. heiter werden, froh sein, frohlocken:

plithon (gaudere, exultare, laetari); ermiltige (hilarescat); feginon (exultare); gifehan (exultare, gaudere); sigufaginon (triumphare); frao (gavisus, ovans); froon (exultare, hilarescere, ovare); sih frauuuan (congaudere, gaudere, laetari); filu frauualicho sin uuartetun (gavisi sunt gaudio magno valde); giuuonen (gaudere); callacenti (exultans); mendan (gaudere, gestire, hilarescere, persultare, tripudiare); smieren (gaudere); spilon (exultare); uuunnisamon (exultare, gaudere).

freudig, voller Freude, lustig, munter, aufgeräumt, froh, fröhlich. heiter: plidi (hilaris, laetus); fraor (alacer, festivus, laetus); frauuallih (ludibundus); froontiu (laetabundus); gemelech (hilaris); gazal, horsch, alahorsk (alacer); milti (hilaris); rihi, sconi (laetus); slehtmot (hilaris); sneller (alacer); triu (hilaris); vuirdig (laetus).

Stolz, stolzes Selbstgefühl. Sich-Brüsten, Prahlen, Hoffart. Aufgeblasenheit, Überhebung, Übermut, Frechheit, Unverschämtheit, Schamlosigkeit, Unkeuschheit:

piheizon (iactantia); preitii, preitida (elatio); frazarheit (protervitas); geili (elatio, iactantia, superbia); gelp (gloria); kelfherzi (iactantia); camaithait (insolentia); hohmuati (tumor); rihtuvm (superbia); romgerni (iactantia); scamalosi, unscama, unscamali, unscameheit (impudentia); ubarhuhet, weigiri (superbia); uparmoti (elatio, superbia); vnchusche (impudentia); ungusgida (impudicitia).

stolz sein, sich überheben, sich rühmen, sich brüsten, prahlen, sich viel dünken, sich viel zu gute tun, übermütig werden:

anakiuuahsan, arcuolen (insolescere); ungistuomigo arvueigara (insolescat); flaozzen (superbire); froon (gloriari); geilan (insolescere, iactare); ergeilan (insolescere); irgeilison (insolescere); irgeilisoge (insolescat); gelfligh, gimeit, gimeitlih (iactans); giniuuon (insolescere); cotlihhen (gloriari); uparhukan, ubarmuaton (superbire); uparmoatlih (iactans); unstillen (insolescere).

stolz, sich brüstend, unehrerbietig, unbescheiden, übermütig, unverschämt, schamlos:

prait, praitherze, flooz (superbus); flaozlih (elatus); firuuizi frambar, frauuallih (superbus); keil (elatus, superbus); kaillih (elatus); givualtlih (superbus); hapan (elatus); lobgereg (iactans); scamaloser (impudens, infrunitus); unscam (impudicus); unscamager (infrunitus); unscamahaft (inverecundus); vnscamal, unscamalih (impudens, infrunitus); unscamelin (impudens, infrunitus, inverecundus); smalich (impudens); stiurri, stolzer, uparhuctic, ubarmuati (superbus); uparmoatlih (elatus); unerhaft (impudens); unchusker (impudicus); urmar (superbus).

Ausdrücke für das Hervorrufen des Gefühles der Lust.

Erfreuen, freudig stimmen, aufheitern, ergötzen, weiden, scherzen, Scherz treiben, vergnügt machen, in gehobene Stimmung versetzen:

erheffan, herza, sela (exaltare animam, cor); frovuan (exhilarare); erfrouuan (laetificare); gifrouvan (exhilarare, iucundare, pascere); frauualiih (iocans); geliuban (iuvare); quvnnesamote (iocundati); lustan (iuvare); spotton, tagalton (iocari, iucundare).

c. Bezeichnungen für das Gefühl der Unlust.

Leid, Liebeslust und -leid, Schmerz, Kummer, lästiges, peinliches Gefühl, Pein, Missbehagen, Verdruss, Traurigkeit, Trauer, Wehmut, Betrübnis, Zerknirschung:

farmulida (contritio); gitruobnessi (tristitia); cruozisal (molestia); haramscara (contritio); leid (dolor, vulnus); leider (pro dolor); lust (vulnus); morna (maeror, tristitia); ser, serde (dolor); sorka (maeror); suht (molestia); suuero (dolor, molestia); sverado (dolor); trurunga (maeror); unfroi, unfreuuida (maeror, tristitia): unkifori (molestia); unchrefti, unsenfti, vrdreoz (molestia); uuolf, uuof (luctus); zorn (dolor, molestia, vulnus).

Schmerz fühlen, trauern, wehmütig sein, tief betrübt sein:

hiupan (lugere); mornen (maerere); rozegemo muate (qui lugent); seren, serazzan, sveran (dolere); unfrauuan (maerere); uuoffan (lugere); zurnan (dolere).

voll Schmerz, voll Trauer, traurig, jammervoll, betrübt, finster, verdriesslich:

freislich, freissam (tristis); gitruobit ist min sela (tristis est anima mea); gizuochana (tristia); gremiz, cremizziger (tristis); hiufanti, hiufantlih (luctuosus); hiufida (luctuosa); caruuati (veste lugubri); kharag, charalih, clagalich (lugubris); leides ([quid]triste); mornenti uuesan (maestus esse); riveger (tristis): rozag (lugubris); ser (dolorosus): sermudeger (maestus, tristis); scantlih (lugubris); get drurento (estis tristes); tunchal, unplidhi (tristis); uhhizenti (lugubris); unfro (maestus, tristis, vultuosus); uueist iuer redina ioh iuer unfreuuida (qui sunt hi sermones et estis tristes); vnuuatlich (tristis); uuenaglich, uuaflih (lugubris); uuofantlih (luctuosus); mina zagaheit (mea tristia facta).

Scham, Scheu, Ehrfurcht, Demut, Kleinmütigkeit, Zurückhaltung Schamhaftigkeit, Keuschheit:

deoheit, deomuati (humilitas); erhatti (verecundia): kihaltnissa (pudicitia);

kasceit (reverentia); chuski, cuskitha (pudor, pudicitia); mida (pudicitia, verecundia); missimouti (pusillanimitas); reini, rotemo (pudor); scama (pudor, pudicitia, reverentia, rubor, verecundia); scamahafti (pudicitia); scamali, unkihaba (verecundia); ungamuoti, unuuistom, uueihmuti (pusillanimitas); uuirthi, æruuirdi (reverentia).

sich schämen, aus Scham erröten, sich scheuen, Scheu haben, scheuen, fürchten:

egibari (reverendi); forhtan (revereri, vereri); forehtlicher (reverendus); scamen (erubescere); sih scamen (vereri); scamiliner (verendus, verecundus).

verschämt, scheu, voll Scheu, demütig, kleinmütig, voll Zurückhaltung, schamhaft, keusch:

deomuatlih, deolih (humilis); erhaft (pudicus); kaluhtig (pusillanimis); cuosc (pudicus); lutcimvati, luzzilmuttiger, missimuoti (pusillanimis); rein (pudicus); scamag (pudibundus); scamahaft (pudicus); scamalih (pudibundus, pudoratus, verecundus, verecundiosus); scamaliner (pudoratus, verecundus); ungamuoti (pusillanimis).

Schreck, Schrecken, Beben, Grausen, Betroffenheit, Verwirrung, Verlegenheit:

arquemani (stupor); biba, piped (tremor); bruogo (terror); egiso (horror, terror); egisot (horror); forhta (terror); ogha (horror); scama (confusio); scvtilot (horror); stirnilod, stornvnga, sturni (stupor); stropolot, unlust, zurlust (horror); wnter (stupor).

erschrecken, erschrocken sein, zurückbeben, ergrausen, aufschaudern, zurückschaudern, verabscheuen, sich entsetzen, in Entsetzen geraten, erzittern, in Erstaunen geraten, in Verwirrung geraten, verdutzt sein. betreten sein:

arquoman (abhorrere, exhorrescere, horrescere, obrigescere, obstupescere, stupere); biben (tremere); pismahen (horrere); egison (horrere); eregison (horrere, inhorrescere, obrigescere, obstupescere); sih eregison (horrere); eriligon (stupere); erônto (stupescentes): ni ertophses (obstupescas); firsehan (abhorrere); forhtan (horrere); arforhtan (horrescere); forahtliher (stupendus); girehenan (obstipuisse); ingruen (horrescere, abhorrere); intuuerdon (abhorrere); irargen (obstupescere); irgruvison (abhorrere, horrere); irnarren (obstupescere); leidasamon (horrescere); laidazan (exhorrescere); leidlichen (horrere); scutison, arscutison, cascutison (horrescere); stobaron (obstupescere); uuidaron (horrescere, abhorrere); uuidar ruzzan (abhorrere).

erschrocken, bebend, zitternd, schaudernd, ausser sich, bestürzt, erstaunt, betäubt, verdutzt:

arprutter (attonitus, stupefactus); giprutter (attonitus); arquemauer (attonitus, stupidus, stupefactus); bibiliner (tremulus); bibininter (horridulus); egisonti, forahtag (attonitus): stornenti, irstorinthi (attonitus).

Ausdrücke für das Hervorrufen des Gefühles der Unlust.

Verletzung, Kränkung, Verunglimpfung, Demütigung, Bedrängung, Bedrückung, Plage, Qual, Drangsal, Grimmen, verwundender, schmerzender Schlag, Marter, Pein:

angust (tribulatio); arapeit (afflictio, pressura, tribulatio); pispracha (laceratio); bleiza (plaga); thrucnessi (pressura); fila (poena); filluuga (plaga); farduhida (pressura); githuing (tribulatio); haramscara (afflictio, deiectio, percussio, plaga, tortura); quelmiunga (crux); magapizado (torsio, tortura); neizzeseli (afflictio); noht, pina (tribulatio); smerzunga (poena); suht, suero (plaga); ungidult, unhuldi (laesio); unroa (vexatio); uuantalunga (torsio); uuegislo (afflictio); uuinnanti (vexatio); uuizzi (poena, torsio, tortura).

Schmerz bereiten, schmerzlich berühren, schmerzlich ergreifen, betrüben, heftig ergreifen, wehe tun, kränken, verunglimpfen, verletzen, zusetzen, heimsuchen, kleinmütig, demütig machen, drücken, erschöpfen, schwächen, hart mitnehmen, aufreiben, plagen, quälen, martern, peinigen, belästigen, strafen, schlagen, misshandeln:

arpalcter (laesus); arquoman (contristare); peitan (urgere); pisprehan (lacerare); besvvaren (urgere); gunsuueron (lacerare): pitrettan (mulcare, vexare); piturner (afflictus); pliuan (percutere, tundere); brinnan (cruciari); theonoter, kedeonoter, kedeomuatit (humiliatus); duingan (affligere); piduingan (affligere, atterere); uillan (percutere); farthresgan, firchnusan (atterere); firmulan (atterere, conterere, lacerare); ginideran, ginichen (atterere, conterere); girran (lacerare); gitrunchan, giunvrouvan (conterere, contristare); kiurdriozzon (tribulare): ubilo geuuegan (vexare); haramscaron (percutere); giharamscaron (atterere, contribulare, perforare, tundere); honan (contristare, cruciare, debilitare); kharag (laceratus); muoan (affligere, quatere); gimuan (tribulare); neizzan (conterere); keneizzan (affligere, atterere): notan (urgere); pinon (atterere, cruciare, vexare): riuvon, ruorta (percutere); giseran (contristare, cruciare, debilitare); giseragon (disseeare cordibus, macerare, vulnerare); serag, giserag (contritus); sih truoban, truoben, truren, unplidhen (contristari); unfro (contristatus); unfrou (tristor); giunvrouvan (tristare); uernen (vexare); uuizzinon (cruciare, punire, torquere, vexare); kauuizinon (affligere); ist in unuuizzin (vexatur): ferah uuunton (pertransire animam); zurnan (fatigari).

Schrecken einflössen, erschrecken, in Schrecken, Furcht setzen, gewaltig in Schrecken setzen, erschüttern, scheuchen, schaurig machen, bestürzt machen, verstört machen, verwirren, ausser Fassung bringen, beklommen machen, erzittern machen:

arfallan (consternatus); arforhtan (consternari); kiforhtan (terreri); arquemaner (tremefactus); auuorta uurthin; (terrerentur); pitarnota (consternatae); piturner (confusus, consternatus); brutten (exterrere, terrere); kibrutten horrificare, perterrere, tremefacere); erbruogan (exterrere); gibruogan (terrere); ferbrechan (consternare); gigruozan (concutere); mit kemisteme muota (confusa mente); gimurwan (concutere, contrahere); girran, kiskentan (confundere); kiscuttan (concutere); gitruaban (confundere, terrere); giuneron (concutere, contrahere); giunvrouvan (concutere, consternare, contrahere); giwimert wirt (contracta est); giwizzau (concutere); hintarqueman (terrere); serag (consternatus); scamen (confundi); bist scamalih (confundaris); sciuhan (terrere); kisciuhan (terrere, perterrere): schuddan (terrere).

Ausdrücke für die Äusserung des Gefühles der Unlust.

Klage, Wehklage, Beschwerde, klagendes Schreien Heulen, Brüllen, Weinen, laute Trauer, Seufzen, Stöhnen:

paga (querimonia); pispracha (querela); fliz (querimonia); cremizzunga (rugitus); hiufendi (ululatus); chara (lamentum); chlaga, (querela, querimonia); clagunga (lamentum, querela, querimonia); chlagot (gemitus): chuma, chumunga (querimonia); lastar, lastrunga (querela); luppi (querimonia); meil (querela); muothezun (querelas): roz (fletus); rubiloth (rugitus); ruofti (querela): sahhunka (questio); seccha (querela); suhunga (querela, questio); staunga (querela, querimonia); stouuuones (querelae); strit (questio); suth (querela); weinot (eiulatio, planctus, rugitus, ululatus); man gihorti uueinon (vox audita est, ploratus et ululatus); vuevuerunga (eiulatus, ululamen); uueuiroth (rugitus); uuof (fletus, gemitus, planctus); uuoft (fletus, gemitus, querimonia).

klagen, aus Unmut klagen, Beschwerde führen, wehklagen, jammern, weinend und heulend bejammern, schreien, brüllen, laut weinen, laut trauern, seufzen, aufseufzen, stöhnen:

pisprehan (conqueri); siu bluun iro brusti (plangebant); pram (rugiebam); ercrahchon (gemere); gremizon, grisgrammen (rugire); hulen (ululare); thaz goriglicha iamar (plangentes); irruoffan (queri); chaion (ingemiscere); klagon (deflere, flere, gemere, ingemiscere, plorare, queri, conqueri, ululare); biclagon (conclamare, conqueri); ferclagon (deflere); chumen (complangere, conqueri, flere, plorare); queran (gemere, ingemiscere): arqueran (ingemiscere); riozan (deflere, flere, ingemiscere, lacrimari, plangere, plorare, rugire); piriozan (flere): giriozan (plorare); rohon (rugire): scrian (plangere); soragen (gemere); stouon (conqueri, queri); sufton (gemere, ingemiscere); arsufton (ingemiscere); sih truoban (lacrimari); uueinon (eiulare, flere, plangere); beuueinon (deflere); iruueinon (plangere); vueureta (eiulavit, ululavit); uueuuerbontiu (eiulantes); uuinnan (eiulare); uuoffan (deflere, eiulare, lamentare, plangere, plorare, ululare); mit zaharin sie thie bigoz (plorantem): sih zaharin ninthabeta (lacrimatus est).

klagend, sich beklagend, Klageweib. voller Tränen, jammervoll: pisprahhari, pisprachili (querelosus); charalih (lamentabilis); charara, chlaga, (lamentatrix); chlagalich (flebilis, lacrimosus); chlagara, chlagerin (lamentatrix); klegere, clageliner (querulus); sceltari (querelosus).

II. Bezeichnungen objektiver, auf einen äusseren Gegenstand sich beziehender Gefühle.

a. Voces mediae.

Aufregung, Erregtsein, Unruhe, innere Erregung, innerer Drang, sorgliche Unruhe, ängstliche Besorgnis, Leidenschaftlichkeit, leidenschaftliche Gemütsbewegung, leidenschaftliche Glut, leidenschaftliche Hitze, Trieb, heftige Liebe, Liebesglut, Eifer, Nacheiferung, Eifersucht, Missgunst:

apanst (zelus); agaleizi (aestus); anto (zelus); anadihtich (zelotypia); angust (aestus); antron, antharunga, anthruoft (aemulatio); irpolgani (commotio); arpolganvssi, arpolgannvssida (motus); pulahti, plidon (aemulatio); egiso (flagor); einsnelli (zelotypia); ellan (zelus); ellinod, ellinunga, missehellunga (aemulatio); firnoshcerni (zelotypia); fliz (fervor); fradi (zelotypia); girih, hazzunga (aemulatio); heiz (fervor); hizza (aestus, calor); lust (calor, fervor, ignis); gilust (motus); minna (ignis, zelotypia); uirminna (calor); moht (zelus); muatiki (animositas); heizmuoti (ignis); michilmuoti, missimouti, uparmuoti (animositas); nid (zelus); resci (fervor); sohenti (inquietudo); sterchi, strit (aemulatio); vvalm (fervor); zichtiga. biciht, inziht, inzihtiga (zelotypia); zorn (commotio, fervor, ignis, zelus, zelotypia); zurnida (fervor, ignis); zurnunga (fervor).

aufgeregt sein. in sinnloser Aufregung sein, in leidenschaftlicher Bewegung, Erregung sein, in ängstlicher Besorgnis sein, entbrannt sein in Zorn, entbrennen in Verlangen, vor Leidenschaft glühen, entbrannt sein in Liebe, verlangen, zu erreichen streben, eifern, nacheifern. neidisch nacheifern, eifersüchtig sein:

abanston, erbunnan (aemulari): nist abulgi, nist abulgic (non aemulatur); anadon (zelare): antharon (aemulari); arpeitan (aestuare); arqueman (mente excidere); bilidan (aemulari, zelare); binestunt (aemulabitur); brinnan (ardere); ellinon (aemulari, zelare); fient uuesan. figidon, vehan (zelare); hazzan (aemulari, zelare); helan (zelare); hizon (aestuare); illan (fervere); leisamunto (aemulando); minnon (ardere, zelare); soragen (aestuare); stredan (calere, fervere); topon (mente excidere); uuallan (fervere); ni nigantscafoht (non aemulabitur); uigidunta (aemulantes); wizinon (zelare); uuotan (aestuare); zurnan (ardere, zelare).

leidenschaftlich, vor Leidenschaft glühend, feurig, ungestüm, hitzig, glühend vor Zorn, vor Zorn aufgeblasen, vor Stolz aufgeblasen, glühend vor Eifer, Verlangen, heiss verlangend, nachstrebend, eifernd, Eiferer, nacheifernd, Nacheiferer, eifersüchtig, neidisch:

abanstig, antharonti (aemulus); anto, andic (zelotes); archwaeniger (zelotypus); peiscerer (zelotes); pilidari (aemulator, aemulus); pilidlih (aemulus); pizigan, bizihtiger, inzichtiger (zelotypus); brinnanti (ardens); brustich, einstriter (zelotypus); ella (aemula); ellinari (aemulator, aemulus); ellenhaft (zelosus); gelle (aemulus); erbolgan (tumidus); fiantlih (aemulus); forahtlicher (tumidus); ger, gerohaft (ardens); ginoz (aemulus); gazal (fervens); grim (fervidus); ilig (aemulus, ardens, fervidus); charronten (ferventibus); muotgeiler (tumidus); muothaft, heizmuati (animosus); heizirin muotes (ferventioris spiritus); hohmuodeger (tumidus); michilmvoter, mihilmuotig (animosus); nidiger (aemulus); nithsuuilliger (zelotypus); ratana (aemulas); rasc (fervens); rechari (aemulator); richelic, scarfer (zelotes); stredanti, uuinnanti (fervidus); zornag (ardens, fervens, fervidus).

Ausdrücke für das Hervorrufen des Gefühles der Lust oder Unlust.

Aufhetzung, Verführung:

kespanst (sollicitatio).

aufregen, leidenschaftlich erregen, aufhetzen, reizen, anreizen, aufreizen, anspornen, antreiben, beunruhigen, herausfordern, entflammen:

anazzan (excitare, instigare, sollicitare); gianazzan (incitare, stimulare); arbolgan uuesan, uuerdan (commoveri); arplodan (permovere); arqueman (moveri); bieschda (sollicitabat); pihuegan (sollicitare); beneckan (lacessere); gahroran, keneizzan (excitare); kistuncan (stimulare); gitruaban (commovere); kiunstillen (inquietari); gauunton (lacessere); greman (provocare); ergreman (acuere, commovere, excitare, incitare, movere, stimulare); gruozan (excitare, provocare); gigruozan (agitare, exagitare, excire, lacessere, provocare, sollicitare); halon, kahalon (sollicitare); hintarqueman (commoveri); inzuntan (incendere); irran (lacessere, sollicitare); girran (inquietare, sollicitare); merran (commovere); muoan (agitare, exagitare, inquietare, lacessere, movere); gimuan (agitare, lacessere); sceltan (lacessere); screchan (instigare); skuntan (sollicitare); slizzen, zeslizzen (lacessere); spanan (agitare, sollicitare, stimulare); erspanan (sollicitare); gispanan (instigare); inspennan (sollicitare); stechon (stimulare); stoupan (instigare); stouon (commoveri); stuekan, tollon (lacessere); uuegan (permovere, sollicitare); uueichan (exagitare); uuerran (commovere).

b. Bezeichnungen für das Gefühl der Lust.

Lust, sinnliche Lust, Vergnügen, Ergötzung, Ergötzlichkeit, Genuss, Wohlgefallen, Neigung, Verlangen, Trieb, Liebe, Geschlechtsliebe, liebevolle Sorgfalt:

pismiz (oblectatio, voluptas); frodc (oblectatio); gero (affectus); kerni, gernnissi (diligentia); girida (affectus); fona ganuhtsameno muote (ex abundantia cordis); cauurt (delectatio, oblectatio); huldi (placor); huor (amor, venus); liubi (amor, cor, diligentia); lohunga (oblectamentum); lust (affectus, fax, venus); lustida (delectatio); lustunga (affectus); lustisunga (oblectamen, oblectamentum); firinlust (voluptas); gilust (affectus, amor, caro, flamma); gilustunga (oblectatio); uunnelust (voluptas); mammonti (placor); thuruh innuouilu miltida (per viscera misericordiae); minna (affectio, affectus, amor, caritas, dilectio, dulcedo, studium, taeda, viscera); giminne (affectus, amor); liupiminna (dilectio); motluba (affectu); muotscaf (affectus); moatscahi, moatsorchi (vagatio mentis); senfti (placor); spenta (caritas, dilectio); sorga (diligentia); suozi (delectamentum); uuillo (affectus, voluptas); muotuuillo (affectus, cor); vvolnusce, zart (voluptas).

gefallen, zugleich gefallen, angenehm sein, es ist gefällig, beliebt, lieben, lieb gewinnen, hochschätzen, ins Herz schliessen:

anthlognan (placitum); diurer (dilectus); uriudila (amata); is thaz herza thinaz mir holdaz (amas me); sih kihuldan (placere); lihhen, gilichen (complacere, placere); liupon (amare, diligere); liup (dilectus, placens); lustit, gilustit (libet); minnon (amare, amplecti, diligere); minna haben (amare, diligere); chiminni (dilectus): sleht (placitus); mir unnis alles guates (diligere).

mit Lust, willig, gern, voll sinnlicher Lust, voll Vergnügen, voll Wonne, liebend, liebevoll, Liebhaber, mit liebevoller Sorgfalt:

ageleizi (diligens); friudila (amasio, amator); kernlih (diligens, libens); vngerner (minus libens); gernvuillig, giuuillig (libens); unwillig, ungivuillig (minus libens); charlo (amator); liup (diligens); lustendi (libens); lustlih (carnalis, libens); minne (amantissimus); minneontlih, (amans); minnenti (adamans, diligens, ephilempticus); minnihaft, minnisam (diligens); uvnnisam (voluptuosus).

Begehren, Wunsch, Sehnsucht, Neigung, Lust, freier Wille, Trieb, Streben, Buhlen, Haschen, Verlangen, heftiges, glühendes Verlangen, eifriges Streben, Begierde, Sucht, Gier, Geiz:

arigi (avaritia); erstrebunga (ambitio); firnessi (cupiditas); frechi (ambitio, avaritia, cupiditas); frihhida (avaritia, cupiditas); kerni (ambitio, appetitus); kiri (ambitio, aviditas): kirida (ambitio, appetentia, appetitus, ardor, avaritia; aviditas, concupiscentia, cupiditas, desiderium); nefkiri (avaritia); scazgiritha (ambitio, avaritia); uueraltkirida (ambitio); girnessi (cupiditas); gegirda (cupido); kitigi (aviditas); cauurt (appetitus); lust (appetitus, concupiscentia, desiderium, voluntas); lustida (desiderium); lustonto (desiderio); gilust (desiderium, voluntas); minna (ardor); niot (desiderium); uuillo (voluntas); kerilicho uuillin, pi selpuuillin (sponte).

begehren, wünschen, erwünschen, hinzuwünschen, Gelüste tragen, erstreben, eifrig streben, verlangen, entbrennen in Verlangen, gieren, gierig trachten:

anahilton (inhiabant); petummen (ambire); fnehan (inhiare); geron (affectare, ambire, appetere, ardescere, captare, concupiscere, cupere, desiderare, expetere, inhiare); gigeron (appetere); genidoter (appetitus); girdinon (cupere); girsohan (inhiare); chorron (appetere, cupere); mih langet (desidero); liupon, giliopon (affectare); giliubit, liub (desideratus); luston (affectare, ambire, appetere, desiderare); machon (affectare, appetere); minnon (affectare); neoton (desiderare); ruohhen, sochan (appetere); gisuohan (appetere, desiderare); vuillon (affectare, desiderare); williger (desideratus); uuunskan (adoptare, optare).

begehrend, eifrig strebend, haschend, begierig, gierig, geizend, erpicht auf:

ebtic (avidus); frech (ambitiosus, avarus, avidus, cupidus); kerari (appetitor); gerer (ambitiosus, avidus); gesaide (cupidus); giri (ambitiosus, avidus, cupidus); girlich (ambitiosus, avidus); hergirger (ambitiosus); kitag (ambitiosus, avidus); listiger (ambitiosus, cupidus); liup (cupidus); suzlih (avidus).

Geilheit, Üppigkeit, Mutwille, Ausgelassenheit, Übermut, grosse Begehrlichkeit, Unverschämtheit, ausgelassene Lustigkeit, Lust, Gelüste, Begierde, zügellose Begierde, Wollust, Zügellosigkeit, Ausschweifungen, Völlerei, feiner üppiger Genuss, Wonne, Genusssucht, Schlemmerei:

piheizon (petulantia); pismiz (ingluvies); frazari (luxus); keili (luxuria, petulantia); geilsunga (luxuria); kelfherzi (lascivia, petulantia); getilosi (lascivia, luxuria, luxus, petulantia); girida (ingluvies); kitigi (gula); hotmahili (deliciae); huorspil, huorsunga (luxuria); lust (luxus); firinlust (libido, luxuria); gilust (libido, libitus, luxus); huorlust (lascivia, libido); huorgelust (luxuria); unlust, urlust (luxus); wollust (deliciae); uunnelust (luxus); zartlust (deliciae); sohenti (petulantia); trut (deliciae); ungistuomi (petulantia); ungivuerida (procacitas); unstilli (petulantia); uuola, uuelalibi, vvvuna (deliciae).

geil sein, mutwillig sein, übermütig sein, ausgelassen sein, ausschweifen:

pisontiu (lasciviens); geilison (luxuriare); ketilosi (lasciviens); lustison (luxuriari); firinlust (luxuriatur); sceron, screcchen, spilon (lascivire); ungistomer (lasciviens); uuinnan (lascivire, luxuriari).

geil, üppig, mutwillig, ausgelassen, übermütig, sehr begehrlich, unverschämt, lüstern, begierig, zügellos, ausschweifend:

paldlih, frapald, filusprachi (procax); firnlustig, firinlustlih (luxuriosus); frauelor, frauuligo, frauuallih, frazarer, fravarer (procax); keil (petulans, petulcus); ketilosi (lascivus, petulans); getiloslich (petulans); kahosonti (procax); gesaide (lascivus, libidinosus, petulcus); hirtilos (petulans); huarari (libidinosus); hvorin (lascivus); huorlih (petulans); hvorilin (lascivus, procax); huoriline (procax); huorgilustiger (libidinosus); hueller (procax); irrer (lascivus); sinnilos, scamaloser (procax); spililih, spiligern, ungidouuiger (lascivus); ungestomer (petulans); unstumig (petulcus); unstiller, uuotenti (lascivus); uurenisc (petulans).

Gunst, Begünstigung, Geneigtheit, Wohlwollen, Willfährigkeit, Gefälligkeit, Gnade, Barmherzigkeit, Erbarmen, Mitleid, Mitfühlen, Mitdulden, Menschenliebe, Menschenfreundlichkeit, Nachsicht, Huld, Zärtlichkeit, Erkenntlichkeit, Dank:

agaleizi (condiscensio); anst (gratia, grates); antlaz, antlazida (indulgentia); armherzi (misericordia, pietas); armherzida (misericordia); thanc, danchpari, (gratia); dancparigi (gratificatio); tanchunga (gratia); thancomes thir (gratias agimus tibi); erbarmida, erbarmunga (compassio, condiscensio); gabarmida (condiscensio, misericordia); fleha (favor); geba, gipht (gratia); ginada (humanitas, misericordia, pietas); ginadigi (humanitas); uuilit er ginadon (recordatus est misericordiae suae); huldi, liubi, lop (gratia); mannaheiti (humanitas); miltida, miltnissa (misericordia); minna, minnihafti (humanitas); zart, zartunga (indulgentia).

geneigt sein, begünstigen, gewogen sein, sich willfährig, gefällig zeigen, sich erbarmen, Mitleid fühlen, Mitleid haben, zugleich fühlen, seine frohe Teilnahme zu erkennen geben:

parman (miserari); irbarmen (compati, condescendere, miserari, misereri); plithen (gratulari); thancon (gratificari); dancparige (gratificata); epantholen, ebano dultan (compati); ebanfreuuan, gifehan (congratulari); ginadhon, canadic uuerdan (misereri); leidon (compati); loboige (favet); lochon (favere); menthilon (gratulari); miltan (misereri); milti (misertus); spanan (favere).

geneigt, günstig, gewogen, gefällig, gnädig, barmherzig, mitleidig, mild, gütig, wohlwollend, nachsichtig, liebevoll, dankbar, mit blossem Dank (— uneigennützig, ohne Entgelt, umsonst):

arauuingun (gratis, gratuitus); armherz (misericors); dancpari (gratiosus); danchparig (gratiosus, gratus); in danche (gratus); mines thanches (gratis); enstic (benignus, benevolus, gratis, gratus, gratiosus, gratuitus); uirgeben (gratuitus); frumasam (benignus); in gimeiton (gratis); kenadiger (clemens, gratiosus, misericors); kinadlich (indulgens); liup (gratuitus); ana lon, ane mieda (gratis); milti (propitius); miltherzi (misericors); minnihaft, minnielich (benignus); ana scult, undurftis (gratis); ungiarnet (gratuitus); ungifergot, ungichouftaz (gratis); williger, vvolvvilliger (benignus); danewillon (gratuitus).

Ausdrücke für das Hervorrufen des Gefühles der Lust.

Anlockung, Anreizung, Schmeichelei, Liebkosung, Einladung zum Genuss, Beruhigung, Besänftigung, Verführung:

fleha (blanditia); kespanst (illecebra, suasio); kitiginum (illecebris): holdnissi (placatio); leitha (lenocinium, suasio); lohunga (blandimentum, blanditia); lust, lustunga, lustigunga, lustisunga (illecebra); mammonti, mendilunga (blandimentum); mendilunto (blandimento); slehtiu (blandimenta); slehtida (blandimentum); unchuschi, unsufarnussi (illecebra).

anlocken, lockend an sich ziehen, verlocken, hervorlocken, geneigt machen, aufmuntern, schmeicheln, schmeichelnd zum Genuss einladen, liebkosen, lindern, kirren, ködern, ergötzen, Genuss, Vergnügen gewähren, beruhigen, besänftigen, annehmlich machen, annehmlich finden lassen, gefällig darstellen, zureden, überreden, mit Erfolg raten, durch Überredung bestimmen, verführen:

bisuuichan (illicere); flehon (blandiri, palpare); geflehon, kafligilon (delenire); flehezan (lenocinari); vrouvita (delectabar); gifrouvan (blandiri, oblectare); kidruacan (illicere); ginadhon (lenire, mulcere); gineran (palpare); dhazs chind uuas gerondi (delectabatur infans); gisuozan (mulcere); giuuenna (lactat); holder (placatus); kibuldan, gehvldegan (placare); lindan (blandiri); kalindan (lenire); lindchosen, listen (blandiri); geliuban (conciliare, delectare, dulce facere, probare, persuadere, suadere); liuper (probatus); lochon (blandiri, delenire, demulcere, lactare, mulcere, oblectare, palpare); kelochon (illicere, lenire, mulcere); irlocon (illicere); lihlochon (blandiri, oblectare); uzerloccon (elicere); giluccan (suadere); lihluchan (blandiri, demulcere); lustan (delectare); lustesan (delectare, oblectare); lustidoti (oblectaret); nis kelustidoot (non delectetur); lustogen (delectari); mammon (demulcere); mammunti (blandiens); gimammontan (lenire); scuntan (lactare); firscuntan (illicere); slihtan (delenire, lenire, mulcere, palpare, permulcere); geslihtan (demulcere); smelzan (mulcere); spanan (illicere, lactare, suadere); firspanan (illicere, pellicere); gispanan (illicere); inspenan (illicere, lactare); mit eddesvvelihha kespanst (aliqua suadente); trostan (blandiri, lactare, mulcere); gitrostan (delenire, permulcere); uueichan (mulcere); zertan (oblectare); gezertan (delicere).

c. Bezeichnungen für das Gefühl der Unlust.

Unlust, Unlust zur Arbeit, Trägheit, Lässigkeit, Verdrossenheit, Abneigung zu ertragen, Ungeduld:

argida, (ignavia); slaffi (desidia, ignavia, pigredo); slaffida (inertia, pigritia); tragi (ignavia): tracheit (inertia, desidia): ungaumi (ignavia); ungidult (impatientia); unhurski (inertia); uuullida (desidia, pigritia); unuuullida (ignavia); zagaheit (desidia, ignavia, pigritia).

verdriessen, es verdriesst, träge sein, sehr lässig sein:
artraken, pidrussan, soragen (pigere); tualon (pigritari).

verdrossen, träg, faul, lässig, schlaff, feige, nicht gern ertragend, ungern, wider Willen, ungeduldig:

arger, bloder, bosi (ignavus); eruuortener (piger); kanotter (invitus); laz (ignavus); slaffer (deses, desidiosus, ignavus); slaafag (piger); trac (ignavus, iners, piger); unpauhnic (ignavus); undanckes, vngerner (invitus); uncadultic (impatiens); unhorsc (iners); unstiller (desidiosus); vnsuuari (piger); unzaihanhaft, zaihanlaz (iners, piger); urluster (desidiosus); zag (ignavus, remissus): zagelich (piger, remissus).

Hass, alter Hass, Abneigung, Groll:

abanst (odium, rancor); parrungi, barzunga, cinficori (rancor); fiant habenti, fiantscaf habendi (odio habitus); giuuihida, haz (odium); kocco, motto (rancor); nid (odium, rancor); rankason (rancor).

hassen:

figidon, hazzan (odisse); bi thiu inkunnun sie mih (odit me); so uuer so iu ubilo gidue (qui oderunt vos).

hassend, sehr, gänzlich hassend:

hazzvntiu (exosa); leidara, leidezara (osor).

Verachtung, Abweisen, Verschmähung, Verabscheuung, Abscheu, Verwünschung, Fluch, fluchende Beteurung:

eid (execratio): farmana (aspernatio, contemptus); farmanada (dispectio); firmananti (aspernatio, contemptus); farschani (contemptus); vervazzenunga (abominatio); flvoch, leid (execratio); leidazunga, leidnissa (abominatio); leidlich (abominatio est); leidsami (execratio, execramentum); leitsamida (abominatio).

verachten, missachten, verwerfen, abweisen, verschmähen, verabscheuen, nichts wissen wollen, verwünschen, etwas Ungünstiges von sich hinwegwünschen:

abahon (abominari, aversari); arpelgit uuerdan (aversari); pismahen (spernere): pitrettan, firtretan (calcare): egiso (despiciens); firthenkan, upardenchan (contemnere); farhugan (aspernari, contemnere, spernere); uparhukan (aspernari, contemnere); firmanen (calcare, conculcare, contemnere, despicere, repellere, spernere, temnere): firschan, ferscimfan (despicere); sih virvuanan (contemnere); faruuazzan (abominari): gihonan (spernere); ne giuuerson (ne contemnatis); intsagen (detestari); intuuerdon (spernere); laidazan, leidlichen (abominari, aspernari, aversari, detestari); leidon (aversari, detestari); lethitios (ut abomineris); leitsamer (abominatus); missinivzzan (contemnere); mit unuuerdnissu gotes (contempta divinitate); uozurnan (aspernari, spernere); widaron (abominari, destestari).

Verächter:

fardanchenti, framano (contemptor).

Ekel, Übelkeit, Widerwillen, Überdruss, Verachtung, schnöder Stolz, vornehmer Stolz, stolze Verachtung:

mit auuortini (taedio); peitun (fastidia); pitunga (fastidium); thruozzisal (taedium); geili, richtuvm (fastus); tregunga, tuala (taedium); uncaparida (fastidium); vngevurt (taedium); unlust (fastidium, taedium); zurlust (fastidium); vnwillo (nausea); urdruzzi (taedium); vrdruzzisami (fastidium, taedium); urgauuida, vueigiri, weokisami, vuillisami (fastidium); vuillod, unwilloth, uuullida, unuullida, wllinga (nausea).

Ekel fühlen, Widerwillen haben, verschmähen, vornehm tun:

ardriuzzan, pidruzzan (taedere); urdreozan (nauseare); zidruzzan, artraken, pitragan (taedere); intuuerdon (fastidire, taedere ; soragan (taedere); unfrou (coepit pavere et taedere); unlustidon (taedere); suue in unlust (taedet); urlustan, urlustison (taedere); zvrlustan (fastidire, taedere); zurlustlicher (fastidit); zurlustison (nauseare); urkauuison (fastidire); vuullon, vnwillon (nauseare).

voll Ekel, überdrüssig, wählerisch, stolz:

athrotan, pidrozan (pertaesus); firuuizi (fastus); muolicher (fastidiosus); stolzer (fastus); zurdruzlich, zurlustig, zurlustlich (fastidiosus); uuilliodion (fastidiosis).

Missgunst, missgünstige Verkleinerung, Neid, Hass:

abanst (invidia, livor); stehhunga apanstes (livor); abanstotun (repleti sunt invidia); urpunnun (invidiam); urpunst (invidia); pispracha, bisprachida, bisprachni (obtrectatio); ellinunga, fiantscaf, nid (invidia); tolc (livor); vuidarsiht, zuridruuida (invidia).

missgünstig sein, mit Neid, Scheelsucht verfolgen, aus Missgunst entgegenarbeiten, aus Neid zuwider sein, beneiden, missgönnen:

abanston (invidere); apastohem kataroem neomanne (invideamus nemini); abanstigon (invidere); apanstic (invidens); ni uueiz abanst (nescit invidere); erbunnan (invidere); pisprehan (obtrectare); girizzan, kizuuican, groman (praestringere livente oculo); nithon (livere).

missgünstig, neidisch, voll Neid, hassend, voll Hass:

abanstig (invidiosus, invidus); arpunnun (invisi sunt); nidig (invidus).

Reue:

chara, charegi (poenitentia); riua (poenitentia, poenitudo); breuuod iuua sundia (poenitentiam agite); brau sih (poenitentia ductus); uuoft (poenitentia).

Reue fühlen, Unlust fühlen:

riuvon, scamen (poenitere).

Zorn, Zornesglut, Zorneseifer, Neigung zum Zorn, Gereiztheit, leidenschaftliche Aufwallung des Gemütes, Aufregung, Unwille, Entrüstung, Unmut, eigensinniges, grämliches, mürrisches, düsteres Wesen, üble Laune, Eigensinn, Starrköpfigkeit, bitteres Gefühl, Bitterkeit, Erbitterung, Strenge, gehässige Strenge, Härte, unbillige, grausame Härte, Unfreundlichkeit, Unbarmherzigkeit, Grausamkeit, Wildheit, Wut, Raserei, Wüten, Toben, wahnsinniges Toben, wahnsinnige Wut, Unbändigkeit:

abohnassi (austeritas, severitas); abulgi (indignatio, ira, iracundia); gibuluht, gibelg, gapolgan (ira); arendi (austeritas); auuizzi (phrenesis); barzunga (acerbitas); pittri (amaritudo); dradi (furor); einfieori (acerbitas); falchait (acedia); gremi (exacerbatio, ira); gremizzi (ira, morositas); in deru grestti oder grefsti (in exacerbatione); grimmi (acerbitas, amaritudo, austeritas, crudelitas, ferocia, iracundia, pervicacia, tyrannis); crimmida (tyrannis); grimnussi (severitas, tyrannis); heizherci, heizmuoti (furor); herti (austeritas); chestigani, chestigunga, leid (indignatio); minna (furor); nid (crudelitas, iniquitas, ira): rankason (ira, iracundia); razi (furia, rabies); sarphi (austeritas); sarphida (acerbitas, ferocitas, severitas); ser, seragi (amaritudo); slaffida (acedia); slizzanti (severitas); slizzunta (saevitia); topazunga (energima, phrenesis): tobehalmo (furor); tracheit, ungamuoti, vngevurt (acedia): unluimint (furor); unsalida, unsinnecheit, vrsinnecheit (dementia): vrsinnigi (dementia, energima, furia): unstillida (acedia); unuuirdi (indignatio): urlust, zurlust (acedia); uualugirida (crudelitas); uuot (amentia, furor, insania, saevitia): uuotunga (energima, furia, furor, ira); uuotnissa (dementia); uuotagi (tyrannis); uuotkrimmi (rabies); vuotrihtuom (tyrannis); under themo godouuoden (sub tyrannide); hirnuuotigi (phrenesis); zoakaratan (bilis, iracundia); zorn (furia, incendium, indignatio, insania, ira); zornmuot (turbor).

zürnen, ärgerlich sein, unmutig, mürrisch sein, für unwürdig halten, mit Unwillen tragen, unwillig sein, entrüstet sein, in Grimm entbrennen, toben, gewaltig toben, umhertoben, wüten, fort und fort wüten, durchwüten, rasen, in wahnsinniger Wut sein:

arpluhiton (exardescere); peitentiu (furentes); belgan (indignari); sih belgan (irasci): arbolgan uuesan, uuerdan (indignari, irasci); kipelkan (irasci);

pulher (iratus); capulant (insaniens, iratus); bittron (acediari); gispildan (furere); gremizon (furere, irasci); crimman (furere, grassari, insanire): krimmison (desaevire, saevire); grim (iratus); hantag (grassans); inbronnan in heizmuati (irasci); heizmuotig (stomachans); herron, tiherron (grassari); razer (furens, iratus); saruison, slizzan (saevire); spilon (insanire); topon (bacchari, debacchari, furere, grassari, insanire, saevire); ni trakan (acediari); suro ente sarfo firtragan, unsaphto fretagan, unuuerdliho tragan (acide, indigne ferre); unstumig (iratus); unuuirdan (indignari); ursinnig (saeviens); uualmenti (furens); uuinnan (bacchari, furere); uuotan (bacchari, debacchari, dementare, furere, grassari, perfurere, insanire, insultare, saevire); zurnan (graviter ferre, indignari); zurluston (acediari, acide ferre).

zornig, zorneseifrig, zu Ausbrüchen des Zornes geneigt, heftig, leidenschaftlich, aufgeregt, eigensinnig, grämlich, barsch, finster, abhold, trotzig, grimmig, rauh, abstossend, unfreundlich, unbarmherzig, streng, hart, grausam, roh, verwildert, wild, wütend, voll Wut, wütig, Wüterich, tobend, voll Raserei, Umherschwärmer, toll, wahnsinnig wütend, ausser sich, rasend:

abulghigher (furiosus); erbolgan (ferox, furibundus, saevus, torvus, truculentus, turbidus); ghibulahtigher (ferus, iracundus); pulher (saevus); ainhart (amens); ainstritanti (atrox, crudelis); arendi (austerus); arger (grassator); aariup (atrox, trux); arquemaner (amens); auuizzig, auuizzodi (energumenus); pittar (atrox); egislih (torvus, trux); furifuntlih, capulant (furibundus); gremiz (acer, morosus, trux); cremizlih (torvus); gremeclich (acer); gremicendi (furibundus); gigremit (efferus); irgremiter (effrenatus); grim (acer, acerbus, acharis, atrox, austerus, crudelis, ferox, saevus, severus, trux, truculentus); grimmich (crudelis); crimlih (austerus, crudelis, saevus, tyrannicus); hantag (acerbus, asper, austerus, iracundus, saevus); heizmuati (furiosus); callacenti (furibundus); chuonni (atrox); liuthazeri (tyrannus); liuthazzig, liuthazlih (tyrannicus); razer (ferox, rabidus, saevus, truculentus); sarf (acer, acerbus, asper, austerus, iracundus, saevus); scharfer (austerus); shleht (saevus, severus); slithic, slizzendi, slizzari (saevus); stredanti (iracundus); toponti (amens, energumenus, furiosus, grassator, insanus, phreneticus);. tobentiger (phreneticus); truabaler (turbulentus); unfro (vultuosus); ungahiurer (atrox, crudelis, trux); unkitrasum (trucis); mit mihileru unstati (turbida et tumentia saeculi huius volumina); vnsuuari (turbidus); ursinnig (energumenus); uualugiri, uuare (crudelis); vuasser, uuaslih (atrox); uuidarmuater (turbulentus); uuidarquetum (atrocem); eines uuidaruuartlihemo hertuome (unius tyrannica auctoritate); uuinnanti (phreneticus); uuotenti (amens, furibundus, furiosus, phreneticus); vuotig (furiatus, furiosus); uuuotrich (atrox, furibundus, truculentus, tyrannus); uuoterimmer (tyrannus); uuotgrimlih (tyrannicus); uuotanherz (tyrannus); hirnwotiger (phreneticus); zornag (amens, furibundus, turbidus, turbulentus); zornlich (turbidus).

Ausdrücke für das Hervorrufen des Gefühles der Unlust.

Ärgernis:

asuuich, asuihhani, besuich, gisuihhani (scandalum); gisuikad (scandalum patiemini); pispracha (offensio); pespurnida (scandalum; beswara (offensio); polenussida (offensa); irpalgida (offensio); val, gisurihhani, honida, irrado, irresal, errislo, girrisal, merroslo, wirserunga, zuruuarida (scandalum).

Ärgernis geben, aufhetzen, erbittern, wütend machen, verletzen, kränken, erregen, reizen, anreizen, zum Zorne reizen, aufbringen:

abahon exasperare); arbelgan (efferare, irritare, offendere); vurpollan (offensus); bismeron (irritare); erzurnan (exasperare): fellan, gefellan, irvellan (scandalizare); kiarindan (exasperare): capittaran (amaricare); girran (scandalizare); giseran, giseragon (amaricare); giwirsoron (scandalizare); gremman (efferare, irritare): ergreman (efferare, exacerbare, exasperare, irritare); gigremman (exasperare, irritare; irgrimezan (efferare); gremizon (exacerbare); grim (efferatus, exasperans); gruozan (exacerbare); gigruozan (irritare); lastron, merran (scandalizare): reizon (irritare); suuihhan, asuichon, bisuuichan (scandalizare); giasuihon, gesuuichen (scandalizari); uuerfan (irritare); zuruuare (scandalizatus).

Ausdrücke für die Äusserung des Gefühles der Unlust.

Murren, missbilligendes Gemurmel, Zähneknirschen:

grisgrammunga, zano gagrim (stridor dentium); cremizi, gremizigi, cremizzod (fremitus); zeni kriscrimmon, cristerimmod zaneo, claffoth, clafunga, ceno stridunga (stridor dentium).

murren, vor Zorn, Wut mit den Zähnen knirschen:

arpalcter (fremens); feiman (fremere, stridere dentibus); gremizon (fremere, frendere): argremizon (infremere); grisgrammen (fremere, stridere dentibus); irgrisgrimmon (infremere); uuotan (fremere); zurnan (infrendere).

murrend:

feimendi (fremidus).

III. Bezeichnungen objektiver Gefühle, die sich auf äussere Ereignisse beziehen, welche erst in der Zukunft zu erwarten sind.

Angst, Ängstlichkeit, ängstliche Eilfertigkeit, Unruhe, Aufregung, Grausen, Furcht, Besorgnis, Kummer, bange Sorge, Verdacht:

angidha, angust (angor, anxietas): arquemani (pavor); arquemannassi (formido, pavor); pipinunga (pavor); pihueti, pihuetida (sollicitudo); plodi (formido, pavor): falehait (cura); forhta (anxietas, formido, metus, timor, trepidatio); uorehtoliu trahtunga (pavitantia; unforahtenti (sine timore); kiduungani (angor); gilust (anxietas); leid (timor); ruacha (cura); scutisod (trepidatio); sorga (angor, cura, sollicitudo, suspectio); suorcfulli, sorcsemi (sollicitudo); unfroi (angor); vntrost (timor); farauuun er uuanta (timor irruit super eum).

sich ängstigen, ängstlich sein, in Angst, in grosser Angst sein, eilfertig in Unruhe sein, sich scheuen, sich grausen, in Furcht sein, fürchten, sich fürchten, sich heftig fürchten, in äusserste Furcht geraten, sehr befürchten, zagen, sich kümmern, besorgt sein, sorgen, sorgen für:

angen (anxiari); angustit (anxior); do uuas caangustit (dum anxiaretur); antsican (formidare, metuere, timere); arqueman (timere); arspringan (expavescere); biben (pavitare); pipinon (expavescere); pisorgen (curare); forasuorgen (procurare): ploden (pavere, pavescere); plodegen (pavescere): irploden (expavescere); sih brutten, egison (timere): echopada (timui); forhtan (depavere, formidare, metuere, pavere, pertimescere, timere, trepidare); arforhtan (expavescere, pavescere, pertimescere); kiforhtan (timere); forahtal (formidare); forahtero (timentium): forahtliher (metuendus); irmuntren (expavescere); iruuechan (curare); ne sihist dar ana herduomes (ob nullius potestatis timorem formidas); scutison (depavere); farauua uuentan (timere): vuullon (trepidare).

ängstlich, aufgeregt, erschreckt, scheu, sich grausend, furchtsam, in Furcht gesetzt, gottesfürchtig, bekümmert, besorgt:

angustenter, angustlich, anclamer (anxius); arquemaner (timefactus, tremefactus); pithahdic, pihuctic (sollicitus); bloder (formidolosus, pavidus); forahtal (religiosus, timidus, timoratus); giuorhtelarer, forahtag (timoratus); forahtliher (timidus); gotivorabtelar, gotforht (timoratus); sorgenti, suorcfol, sorchaft, sorcsamer (sollicitus); ther bisuorget sih selbo (sollicitus erit sibi ipse); mit suorgon ni ratet (nolite solliciti esse); trac (timidus): zag (pavidus).

Verzweiflung, qualvolle Verzweiflung, Aufgeben der Hoffnung:

egiso (desperatio): neizzesoli (confractio); spildi, uruuani (desperatio).

verzweifeln, keine Hoffnung haben:

uercunnan (desperare); urmoat, uruuani (desperatus); kauruuanan, zuruuanan (desperare).

Ausdrücke für das Hervorrufen der unter III zusammengefassten Gefühle.

ängstigen, beängstigen, bestürzt machen, ganz aus der Fassung bringen, beunruhigen, in Aufregung versetzen:

angan (angere); mir anget (coartor); angustan (angere, angustare, coangustare, coartare); mir angestet (coartor); arangustan, kiangustan (angere); angusti sie ruartun (turbati sunt); duingan (angere, angustare); piduingan (angere, angustare, coangustare, coartare); kiduingan (coartare; kiforhtan (turbari); ganaotan (coartare); girran (conturbare); gremiz (perturbatus); hintarqueman (turbari); ni riazo iuer herza (non turbetur cor vestrum); sorgen (angere); sih truoban (turbari); gitruaban (conturbare, turbare); duruhtruaban (perturbare); unfro (turbatus); giunvrouvan (angere); givnfrovuiton (turbare); unizzinon (angere).

zur Verzweiflung bringen:

gidiota (confracti).

Verzeichnis der althochdeutschen Bezeichnungen.

aariup atrox, trux.

abahon abominari, aversari, exasperare.

abanst invidia, livor, odium, rancor, zelus (ni uueiz abanst nescit invidere).

abanstig aemulus, invidens, invidiosus, invidus.

abanstigon invidere.

abanston aemulari, invidere (abanstotun repleti sunt invidia).

apastohem kataroem neomanne invideamus nomini.

abohnassi austeritas, severitas.

abulgi indignatio, ira, iracundia. (nist abulgi non aemulatur).

abulghigher furiosus (nist abulgic non aemulatur).

athrotan pertaesus.

agaloizi aestus, condiscensio.

agaleizi diligens.

ainhart amens.

ainstritanti atrox, crudelis.

achust passio.

alahorsk alacer.

anadihtich zelotypia.

anadon zelare (antontes aemulatoris).

anakiunahsan insolescere.

anahilton inhiabant.

anazzan excitare, instigare, sollicitare.

antharon aemulari (antharonti aemulus).

antharunga aemulatio.

andic zelotes.

anto zelotes, zelus.

antontes vgl. anadon.

antron aemulatio.

angan angere, coartare.

angen anxiari (mir anget coartor).

angidha angor, anxietas.

angust aestus, angor, anxietas, passio, tribulatio (angusti sie ruartun turbati sunt).

angustan angere, angustare, coangustare, coartare (angustit anxior).

mir angestet coartor (angustenter anxius).

angustlich anxius.

anclamer anxius.

anst gratia, grates.

antlaz indulgentia.

antlazida indulgentia.

anthlognan placitum.

anthruoft aemulatio.

antsican formidare, timere.

arapeit afflictio, pressura, tribulatio.
arangustan angere.
arauuingun gratis, gratuitus.
arpalctor fremens, laesus.
arpeitan aestuare.
arbelgan efferare, irritare, offendere.
arpelgit uuerdan aversari.
arplodan permovere.
arpluhiton exardescere.
arbolgan uuerdan, uuesan commoveri, indignari, irasci (erbolgan ferox, furibundus, saevus, torvus, truculentus, tumidus, turbidus).
arpolganvssi motus.
arpolgannvssida motus.
arprutten territare (arprutter attonitus, stupefactus).
arpunnun vgl. erbunnan.
ardriuzzan taedere.
arendi austeritas.
arendi austerus.
arfallan consternatus.
arforhtan consternari, expavescere, horrescere, pavescere, pertimescere.
arger avarus, grassator, ignavus.
argida ignavia.
argremizon infremere.
archwaeniger zelotypus.
arigi avaritia.
arcuolen insolescere.
arqueman abhorrere, contristari, mente excidere, exhorrescere, horrescere, moveri, obrigescere, obstupescere, stupere, timere (arquemaner amens, attonitus, stupidus, stupefactus, timefactus, tremefactus).
arquemani pavor, stupor.
arquemannassi formido, pavor.
arqueran ingemiscere.
armherz misericors.
armherzi misericordia, pietas.
armherzida misericordia.
arscutison horrescere.
arspringan expavescere.
arsufton ingemiscere.
artraken pigere, taedere.
aruuallan fervere.
asuuih scandalum.
asuuihhani scandalum.
asuichon scandalizare.
auuizzi phrenesis.
awizzig energumenus.
auuizzodi energumenus.
auuorta uurthin terrerentur.
auuortini taedio.

paga querimonia.
paldlih procax.
parman miserari.
parrungi rancor.
barzunga acerbitas, rancor.
peiscerer zelotes.
peitan urgere.
peitentiu furentes.
peitun fastidia.
belgan indignari.
sih belgan irasci.
biba tremor.
piped tremor.
biben pavitare, tremere.
bibiliner tremulus.
pipinon expavescere (bibininter horridulus).
pipinvnga pavor.
pithahdic sollicitus.
pidruzzan pigere, taedere (pidrozan pertaesus).
piduingan affligere, angere, angustare, atterere, coangustare, coartare.
bieschda sollicitabat.
piheizon iactantia, petulantia.
pihucgan sollicitare.
pihucti sollicitudo.

pihuctida sollicitudo.
pihuctic sollicitus.
biclagon conclamare, conqueri.
bilidan aemulari, zelare.
pilidari aemulator, aemulus.
pilidlih aemulus.
beneckan lacessere.
binestunt aemulabitur.
piriozan flere.
piscirman zelare.
pismahen horrere, spernere.
bismeron irritare.
pismiz ingluvies, oblectatio, voluptas.
pisontiu lasciviens.
pisorgen curare (ther bisuorget sih selbo sollicitus erit sibi ipse).
pispracha laceratio, obtrectatio, offensio, querela.
pisprahhari querelosus.
bisprachida obtrectatio.
pisprachili querelosus.
bisprachni obtrectatio.
pisprehan conqueri, lacerare, obtrectare.
pespurnida scandalum.
ther bisuorget sih selbo vgl. pisorgen.
beswara offensio.
besvvaren urgere.
bosuich scandalum.
bisuuichan scandalizare, illicere.
pitarnota consternatae.
pitragan taedere.
pitrettan calcare, mulcare, vexare.
pittar atrox.
pittri amaritudo.
bittron acediari.
petummen ambire.
pitunga fastidium.
piturner afflictus, confusus, consternatus.

beuueinon deflere.
pizigan zelotypus.
biciht zelotypia.
bizihtiger zelotypus.
bleiza plaga.
plithen exultare, gaudere, gratulari, laetari.
plidi hilaris, laetus.
blidida exultatio, gaudium.
plidon aemulatio.
pliuan percutere, tundere (siu bluun iro brusti plangebant).
plodegen pavescere.
ploden pavere, pavescere.
bloder formidolosus, ignavus, pavidus.
plodi formido, pavor.
siu bluun iro brusti vgl. pliuan.
polcnussida offensa.
bosi ignavus.
prait elatus.
praitherz elatus.
pram rugiebam.
preitida elatio.
preitii elatio.
brinnan ardere, cruciari (brinnanti ardens).
bruogo terror.
brustich zelotypus.
brutten exterrere, terrere.
sih brutten timere.
pulahti aemulatio.
pulher iratus, saevus.

thanc gratia, grates (mines thanches gratis; in danche gratus).
danchpar gratiosus.
danchpari gratia.
dancparig gratiosus, gratus.
dancparigi gratificatio.
thancon gratificari (thancomes thir gratias agimus tibi).

tanchunga gratia.
dancwillon gratuita.
deoheit humilitas.
deolih humilis.
deomuati humilitas.
deomuatlih humilis.
theonoter humiliatus.
diurer dilectus.
dolunga passio.
dradi furor.
drouca passio.
thruen pati.
thrucnessi pressura.
thruozzisal taedium.
druunga passio.
thultan ferre, pati.
dultic patiens.
dultnussida passio.
durubtruaban perturbare.
duingan affligere, angere, angustare.

epantholen compati.
ebanfreuuan congratulari.
ebano dultan compati.
egibari reverendi.
egislih torvus, trux.
egiso desperatio, flagor, horror, terror (egiso despiciens, horrescens).
egison horrere, timere (egisonti attonitus).
egisot horror.
ehtic avidus.
eid execratio.
einfieori acerbitas, rancor.
einsnelli zelotypia.
einstriter zelotypus.
echopada timui.
ella aemula.
ellan zelus.
ellenhaft zelosus.
ellinari aemulator, aemulus.
ellinod aemulatio.
ellinon aemulari, zelare.
ellinunga aemulatio, invidia.
enstig benevolus, benignus, gratiosus, gratuitus, gratus (enstigo gratis).
erbarmida compassio, condiscensio.
erbarmunga compassio, condiscensio.
erbolgan vgl. arbolgan uuerdan.
erbunnan aemulari (arpunnun invisi sunt).
erbruogan exterrere.
eregison horrere, inhorrescere, obrigescere, obstupescere.
sih eregison horrere.
erfrouuan laetificare.
ergeilan insolescere.
ergreman acuere, commovere, efferare, exacerbare, exagitare, exasperare, excitare, incitare, irritare, movere, stimulare (irgremiter effrenatus).
erhaft pudicus.
erhafti verecundia.
erheffan herza, sela exaltare animam, cor.
eriligon stupere.
ercrahchon gemere.
ermiltige hilarescat.
erònte stupescentes.
errislo scandalum.
erspanan sollicitare.
erstrebunga ambitio.
ertophses obstupescas.
æruuirdi reverentia.
eruuortener piger.
erzurnan exasperare.

faimendi vgl. feiman.
falchait acedia, cura.
feginon exultare.
vohan zelare.

feiman fremere, stridere dentibus (faimendi fremidus).
fellan scandalizare.
fiant habendi vgl. fien.
fiantlih aemulus.
fiantscaf invidia (fiantscaf habendi odio habitus).
fien detestari (fient uuesan zelare. fiant habendi odio habitus).
figidon odisse, zelare.
fila poena.
uillan percutere.
fillunga plaga.
filusprachi procax.
ferbrechan consternare.
firthenkhan contemnere (fardanchenti contemptor).
farthresgan atterere.
farduhida pressura.
uirgeben gratuitus.
farhugan aspernari, contemnere, spernere.
firinlust libido, luxuria, voluptas.
firinlust luxuriatur.
firinlustlih luxuriosus.
ferclagon deflore.
firchnusan atterere.
uercunnan desperare.
farmana aspernatio, contemptus.
farmanada dispectio.
firmananti aspernatio, contemptus.
firmanen calcare, conculcare, contemnere, despicere, repellere, spernere, temnere.
uirminna calor.
firmulan atterere, conterere, lacerare.
farmulida contritio.
firneshcorni zelotypia.
firnessi cupiditas.
firnlustig luxuriosus.
firsohan abhorrere, despicere.
farsohani contemptus.
ferscimfan despicere.
firscuntan illicere.
firspanan illicere, pellicere.
suro ente sarfo firtragan acide ferre.
firtretan calcare.
sih virvuanan contemnere.
faruuazzan abominari.
verwazzenunga abominatio.
firuuizi fastus, superbus.
flaozlih elatus.
flaozzen superbire.
fleha blanditia, favor.
flehezan lenocinari.
flehon blandiri, palpare.
fliz diligentia, fervor, querimonia.
flooz elatus.
flvoch execratio.
fnehan inhiare.
forahtag attonitus, timoratus.
forahtal formidans, timidus, religiosus (uorehteliu trahtunga pavitantia).
forahtero timentium.
forahtliher metuendus, reverendus, stupendus, timidus, tremulus, tumidus.
uorehteliu trahtunga vgl. forahtal.
forhta anxietas, formido, metus, terror, timor, tremor, trepidatio.
forhtan depavere, formidare, horrere, metuere, pavere, pertimescere, revereri, timere, trepidare, vereri.
forasuorgen procurare.
fraor alacer, festivus, laetus.
frapald procax.
fradi zelotypia.
framano contemptor.
frambar superbus.
fraualig procax.
frauuallih contemnendo, ludibundus,

iocans, procax, superbus (filu frauualicho sin uuartetun gavisi sunt gaudio magno valde).
sih frauuuan congaudere, gaudere, laetari.
fravarer procax.
fraueler procax.
frazar procax.
frazarheit protervitas.
frazari luxus.
frech ambitiosus, avarus, avidus, cupidus.
frechi ambitio, avaritia, aviditas.
freislich tristis.
freissam tristis.
frihhida avaritia, cupiditas.
unsaphto fretagan acide ferre.
friudila amasio, amata, amator.
frodc gaudium, iucunditas, laetitia, oblectatio, ovatio.
froinesse gaudium.
froon exultare, gloriari, hilarescere, ovare (froontiu laetabundus).
frovuan exhilarare (vrouvita delectabar).
vrovui iucunditas.
frumasam benignus.
vurpollan offensus.
furifuntlih furibundus.

kaillih elatus.
geba gratia.
keil elatus, petulans, petulcus, superbus.
geilan insolescere, iactare.
geili elatio, fastus, iactantia, luxuria, petulantia, superbia.
geilison luxuriare.
geilsunga luxuria.
kelfherzi iactantia, lascivia, petulantia.
golfligh iactans.
golle aemulus.
gelp gloria.
korari appetitor.
gerer ambitiosus, ardens, avidus.
kerilicho uuillion sponte.
korni ambitio, appetitus, diligentia.
gernnissi diligentia.
kernlih diligens, libens.
gernvuillig libens.
gero affectus.
gerohaft ardens (kerohafter uuillo voluptas).
geron affectare, ambire, appetere, ardescere, captare, cupere, concupiscere, desiderare, expetere, inhiare (dhazs chind uuas gerondi delectabatur infans).
getelosi lascivia, luxuria, luxus, petulantia.
ketilosi lasciviens, lascivus, petulans.
getiloslich petulans.
gianazzan incitare, stimulare.
kiangustan angere.
kiarindan exasperare.
giasuihon scandalizari.
gabarmida condiscensio, misericordia.
gibelg ira.
kipelkan irasci.
capittaran amaricare.
gapolgan ira.
gibruogan terrere.
kibrutten horrificare, perterrere, tremefacere (giprutter attonitus).
ghibulahtigher ferus, iracundus.
kedeomuatit humiliatus.
kedeonoter humiliatus.
gidiota confracti.
kidruacan illicere.
githuing tribulatio.
kiduingan coartare.
kiduungani angor.

gifehan congratulari, exultare, gaudere.
gifeho gaudium.
gefellan scandalizare.
geflehon delenire.
kafligilon delenire.
kiforhtan terreri, timere, turbari.
giuorhtelarer timoratus.
gifrouvan blandiri, exhilarare, iucundare, pascere, oblectare.
gipht gratia.
gigeron appetere.
gegirda cupido.
gigremman exasperare, irritare (gigremit efferus).
zano gagrim stridor dentium.
gigruozan agitare, concutere, exagitare, excire, irritare, lacessere, provocare, sollicitare.
hahalon sollicitare.
kihaltnissa pudicitia.
giharamscaron atterere, contribulare, perforare, tundere.
kiherron grassari.
gihonan spernere.
kahosonti procax.
gahroran excitare.
kihuldan placare.
sih kihuldan placere.
gehvldegan placare.
gelichen complacere, placere.
kalindan lenire.
giliopen affectare.
geliuban delectare, dulce facere, iuvare, persuadere, probare, suadere (gilinbit desideratus).
kolochon illicere, lenire, mulcere.
giluht anxietas.
kaluhtig pusillanimis.
giluccan suadere.
gilust affectus, amor, caro, desiderium, flamma, libido, libitus, luxus, motus, passio, voluntas.
nist kelustidoot non delectetur.
gilustit libet.
gilustunga oblectatio.
gimammontan lenire.
chimartirot uuerdhan pati.
camaithait insolentia.
gimeit iactans (in gimeiton gratis).
gimeitlih iactans.
gemelech hilaris.
chiminni dilectus.
giminne affectus, amor.
mit kemistemo muota confusa mente.
gimuan agitare, lacessere, tribulare.
gimurwan concutere, contrahere.
ginada humanitas, misericordia, pietas.
kenadig clemens, gratiosus, misericors (canadic uuerdan misereri).
ginadigi humanitas.
kinadlich indulgens.
ginadhon misereri, lenire, mulcere (uuilit er ginadon recordatus est misericordiae suae)..
ganaotan coartare (kanotter invitus).
gineran atterere, palpare.
keneizzan affligere, atterere, excitare.
ginideran atterere, conterere.
ginidoter appetitus.
ginichen atterere, conterere.
giniuuon insolescere.
kanotter vgl. ganaotan.
ginoz aemulus.
fona ganuhtsamemo muote ex abundantia cordis.
girdinon cupere.
girehenan obstipuisse.
kiri ambitiosus, avidus, cupidus.
giri ambitio, aviditas.

girida affectus, ambitus, appetentia, appetitus, avaritia, aviditas, concupiscentia, cupiditas, cupido, desiderium, ingluvies.
girih aemulatio.
giriozan plorare.
girizzan praestringere livente oculo.
girlich ambitiosus, avidus.
girnessi cupiditas.
girran confundere, conturbare, inquietare, lacerare, scandalizare, sollicitare.
girrisal scandalum.
girsohan inhiare.
gesaide cupidus, lascivus, libidinosus, petulcus.
giscrag contritus.
giseragon amaricare, dissecare cordibus, macerare, vulnerare.
giseran amaricare, contristare, cruciare, debilitare, vulnerare.
kasceit reverentia.
kiskentan confundere.
kisciuhan perterrere, terrere.
cascutison horrescere.
kiscuttan concutere.
geslihtan demulcere.
gispanan illicere, instigare, lactare.
kespanst illecebra, sollicitatio, suasio (mit eddesvvilihha kespanst aliqua suadente).
gispildan furere.
kistuncan stimulare.
gisuohan appetere, desiderare.
gisuozan mulcere.
gisurihhani scandalum.
gesuuichen scandalizari (gisuikad scandalum patiemini).
kitag ambitiosus, avidus.
kitigi aviditas, gula.
kitiginum illecebris.
gitrestan delenire, permulcere.
gitruaban commovere, confundere, conturbare, terrere, turbare (gitruobit ist min sela tristis est anima mea).
gitrunchan conterere.
gitruobnessi tristitia.
giuneron concutere, contrahere.
giunvrouvan angere, concutere, consternare, conterere, contrahere, contristare, tristare.
givnfrovuiton turbare.
kiunstillen inquietari.
kiurdriozzon tribulare.
kauruuanter desperatus.
givualtlih superbus.
giuuegan vexare.
giuuenna lactat.
giuuerson contemnere.
giuuihida odium.
giuuillig libens.
giwimert wirt contracta est.
giwirsoron scandalizare.
kauuizinon affligere, torquere (giuuizzinot passus).
giwizzan concutere.
giuuonen gaudere.
gauunton lacessere.
cauurt appetitus, delectatio, oblectatio.
gazal alacer, fervens.
gezertan delicere.
gizuochana tristia.
kizuuican praestringere livente oculo.
under themo godouuoden sub tyrannide.
thaz goriglicha iamar plangentes.
gotferht timoratus.
gotivorahtelar timoratus.
cotlihhen gloriari.
greman efferare, irritare, praestringere livente oculo, provocare.
gremeclich acer.

gremi exacerbatio, ira.
gremiz acer, morosus, perturbatus, tristis, trux.
cremizi fremitus, ira, morositas.
gremizigi fremitus.
cremizlich torvus.
gremizon exacerbare, fremere, frendere, furere, irasci, rugire (gremicendi furibundus).
cremizziger tristis.
cremizzod fremitus.
cremizzunga rugitus.
in deru grestti oder grefsti in exacerbatione.
grim acer, acerbus, acharis, austerus, atrox, crudelis, efferatus, efferus, exasperans, ferox, ferus, fervidus, iratus, saevus, severus, truculentus, trux.
crimlih austerus, crudelis, saevus, tyrannicus.
crimman furere, grassari, insanire.
grimmi acerbitas, amaritudo, austeritas, crudelitas, ferocia, iracundia, pervicacia, tyrannis.
crimmida tyrannis.
grimmich crudelis.
krimmison desaevire, saevire.
grimnussi severitas, tyrannis.
grisgrammen fremere, rugire, stridere dentibus.
grisgramunga stridor dentium.
zeni kriscrimmon stridor dentium.
cristcrimmod zaneo stridor dentium.
gruozan exacerbare, excitare, provocare.
cruozisal molestia.
cuatspellon nuntio vobis gaudium, evangelizo.
gunsuucron lacerare.
quvnnesamote iucundati.

hapan elatus.
halon sollicitare.
hantag acerbus, asper, austerus, grassans, iracundus, saevus.
haramscara afflictio, contritio, delectio, percussio, plaga, tortura.
haramscaron percutere.
haz odium.
hazzan aemulari, odisse, zelare (hazzvntiu exosa).
hazzunga aemulatio.
haizherci furor.
heiz fervor.
heizirin muotes ferventioris spiritus.
heizmuati animosus, furiosus.
heizmuoti furor, ignis (denne arbolgan ist heizmuoti cum irasceretur).
heizmuotig stomachans.
helan zelare.
hergirger ambitiosus.
herron grassari.
herti austeritas.
er ist thir herzblidi erit gaudium tibi.
hintarqueman commoveri, terreri, turbari.
hirnwotiger phreneticus.
hirnuuotigi phrenesis.
hirtilos petulans.
hiupan lugere (hiufanti luctuosus).
hiufantlih luctuosus.
hiufendi ululatus.
hiufida luctuosus.
hizon aestuare.
hizza aestus, calor.
hohmuati tumor.
hohmuodeger tumidus.
holder placatus (is thaz herza thinaz mir holdaz? amas me?).
ho·dnissi placatio.

honan contristare, cruciare, debilitare.
honida scandalum.
horsch alacer.
hotmahili deliciae.
hrau sih vgl. riuvon.
hrouuod iuua sundia vgl. riuvon.
huldi gratia, placor.
hulen ululare.
huarari libidinosus.
huor amor, libido, venus.
huorgilustiger libidinosus.
huorlih petulans.
hvorilin lascivus, procax.
huoriline procax.
hvorin lascivus.
huorlusti lascivia, libido.
huorspil luxuria.
huorsunga luxuria.
hvrgelust luxuria.
hueller procax.

ilig aemulus, ardens, fervidus.
illan fervere.
inbrennan in heizmuati irasci.
ingruen abhorrere, horrescere.
bi thiu inkunnun sie mih odit me.
inspennan illicere, lactare, sollicitare.
intsagen detestari.
intuuerdon abhorrere, fastidire, spernere, taedere.
inziht zelotypia.
inzihtiga zelotypia.
inzihtiger zelotypus.
inzuntan incendere.
irargen obstupescere.
irpalgida offensio.
irbarmen compati, condescendere, miserari, misereri.
irploden expavescere.
irpolgani commotio.
irvellan scandalizare.
irgeilison insolescere.
irgeilisoge insolescat.
irgremiter vgl. ergreman.
irgrimezan efferare.
irgrisgrimmon infremere.
irgruvison abhorrere, horrere.
irlocon illicere.
irmuntren expavescere.
irnarren obstupescere.
irrado scandalum.
irran lacessere, sollicitare.
irrer lascivus.
irresal scandalum.
irruoffan queri.
irstorinthi attonitus.
iruueinon plangere.
iruechan curare.
iucundlih iucunditas.

callacenti exsultans, furibundus.
caruuati veste lugubri.
chara lamentum, poenitentia.
kharag laceratus, lugubris.
charalih lamentabilis, lugubris.
charara lamentatrix.
charegi poenitentia.
charlo amator.
charon ingemiscere (charronten ferventibus).
chestiga indignatio, plaga.
chestigani indignatio.
chestigunga indignatio.
claffoth stridor dentium.
clafunga stridor dentium.
chlaga lamentatrix, querela, querimonia.
chlagalich flebilis, lacrimosus, lugubris.
chlagara lamentatrix (klegere querulus).
chlagerin lamentatrix.
clageliner querulus.
klagon conqueri, deflere, flere, ge-

mere, ingemiscere, plorare, queri, ululare.
chlagunga lamentum, querela, querimonia.
chlagvt gemitus.
klegere vgl. chlagara.
kocco rancor.
cholunga tortura.
choron appetere, cupere.
chuma querimonia.
kumen complangere, conqueri, flere, plorare.
chumunga querimonia.
chuonni atrox.
cuosc pudicus.
chuski pudicitia, pudor.
chuskida pudicitia, pudor.
chueran gemere, ingemiscere.
quelmiunga crux.

laidazan abominari, aspernari, aversari, detestari, exhorrescere, indignari.
mih langet desidero.
lastar querela.
lastron scandalizare.
lastrunga querela.
laz ignavus.
leid dolor, execratio, timor, tortura, vulnus (leides [quid] triste).
leitha lenocinium, suasio.
leidara osor.
leidasamon horrescere.
leidazunga abominatio.
leider proh dolor.
leidezara osor.
leidlich abominatio est.
leidlichen abominari, aspernari, aversari, detestari, horrere.
leidnissa abominatio.
leidon aversari, compati, detestari.
leitsamer abominatus.
leidsami execratio.
leitsamida abominatio.
leisamunto aemulando.
lethitios ut abomineris.
lihhen complacere, placere.
lihlochon blandiri, oblectare.
lihluchan blandiri, demulcere.
lindan blandiri.
lindehosen blandiri.
listen blandiri.
listiger ambitiosus, cupidus.
liup cupidus, desideratus, diligens, dilectus, gratuitus, placens, probatus.
liubi amor, cor, dilectio, gratia.
liupiminna dilectio.
liupon affectare, amare, diligere.
liuthazori tyrannus.
liuthazlih tyrannicus.
liuthazzig tyrannicus.
lop gratia.
lobgereg iactans.
loboige favet.
lochon blandiri, delenire, demulcere, favere, lactare, mulcere, oblectare, palpare.
lohunga blanditia, blandimentum, oblectamentum.
ana lon gratis.
luppi querimonia.
lust affectus, appetitus, calor, concupiscentia, desiderium, fax, fervor, ignis, illecebra, luxus, passio, venus, voluntas, vulnus.
lustan delectare, iuvare (lustit libeat).
lustesan delectare, oblectare.
lustida delectatio, desiderium.
lustidoti oblectaret.
lustigunga illecebra.
lustison luxuriari.
lustisunga illecebra, oblectamen, oblectamentum.
lustlih carnaliter, libens.

lustogen delectari.
luston affectare, ambire, appetere, desiderare (lustendi libens; lustonto desiderio).
lustunga affectus, illecebra.
lutcimvati pusillanimis.
luzzilmuttiger pusillanimis.

machon affectare, appetere.
magapizado torsio, tortura.
mammon demulcere.
mammonti blandimentum, placor.
mammunti blandiens.
mannaheiti humanitas.
martyrunga passio.
meil querela.
mendan gaudere, gestire, hilarescere, persultare, tripudiare (des mendento prae gaudio illius).
mendi gaudium, tripudium, triumphus.
menthilon gratulari.
mendilunga blandimentum.
mendilunto blandimento.
mendislo gaudium.
merran commovere, scandalizare.
merreslo scandalum.
mida pudicitia, verecundia.
ane mieda gratis.
michilmvoter animosus.
michilmuoti animositas.
mihilmuotig animosus.
miltan misereri.
milti hilaritas.
milti hilaris, misertus, propitius.
miltida misericordia.
miltherzi misericors.
miltnissa misericordia.
minna affectio, affectus, amor, ardor, caritas, dilectio, dulcedo, furor, humanitas, ignis, studium, taeda, viscera, zelus (minna haben amare, diligere; minne amantissimus).
minneontlih amans.
minniclich benignus.
minnihaft benignus, diligens.
minnihafti humanitas.
minnisam diligens.
minnon affectare, amare, amplecti, ardere, diligere, mulcere, zelare (minnonti adamans, diligens, ephilempticus).
missehollunga aemulatio.
missimouti animositas, pusillanimitas.
missimuoti pusillanimis.
missiniuzzan contemnere.
morna maeror, tristitia.
mornen maerere (mornenti uuesan maestus esse).
moatscahi vagatio mentis.
moatsorchi vagatio mentis.
moht zelus.
motluba affectus.
motto rancor.
muoan affligere, agitare, exagitare, inquietare, lacessere, movere, quatere.
muolicher fastidiosus.
muotgeiler tumidus.
muothaft animosus.
muothezun querelas.
muatiki animositas.
muotscaf affectus.
muotuuillo affectus, cor.

nefkiri avaritia.
neizzan conterere.
neizzeseli afflictio, confractio.
neoton desiderare.
nid crudelitas, iniquitas, invidia, ira, odium, rancor, zelus.
nidig aemulus, invidus.

nithon livere.
nithsuuilliger zelotypus.
niot desiderium.
noht tribulatio.
notan urgere.

ogha horror.

pina tribulatio.
pinon atterere, cruciare, vexare.

rankason ira, iracundia, rancor.
rasc fervens.
ratana aemulas.
razer ferox, furens, iratus, rabidus, saevus, truculentus.
razi furia, rabies.
rein pudicus.
reini pudor.
reizon irritare.
rechari aemulator.
resci fervor.
ni riaze iuer herza vgl. riozan.
richelic zelotes.
rihi laetus.
richtuvm fastus, superbia.
riozan deflere, flere, ingemiscere, lacrimari, plangere, plorare, rugire (ni riaze iuer herza non turbetur cor vestrum).
riua poenitentia, poenitudo.
riveger tristis.
riuvon percutere, poenitere (hreunod iuua sundia poenitentiam agite; hrau sih poenitentia ductus).
rohon rugire.
romgerni iactantia.
rotemo pudor.
roz fletus.
rozag lugubris (rozegemo muate qui lugent).
ruacha cura.
ruhiloth rugitus.
ruofti querela.
ruohhen appetere.
ruoran percutere.

sahhunka questio.
sarf acer, acerbus, asper, austerus, iracundus, saevus.
sarphi austeritas.
sarphida acerbitas, ferocia, severitas.
saruison saevire.
seccha querela.
pi selpuuillin sponte.
senfti placor.
ser amaritudo, dolor.
ser dolorosus.
serag consternatus, contritus.
seragi amaritudo.
serazzan dolere.
serde dolor.
seren dolere.
sermudeger maestus, tristis.
sigufaginon triumphare.
sigumendin gaudium, triumphus.
ne sihist dar ana herduomes ob nullius potestatis timorem formidas.
sinnilos procax.
siuhhi molestia.
scama confusio, pudicitia, pudor, reverentia, rubor, verecundia.
scamag pudibundus.
scamahaft pudicus.
scamahafti pudicitia.
scamali verecundia.
scamalih pudibundus, pudoratus, verecundiosus, verecundus (bist scamalih confundaris).
scamaliner impudens, pudoratus, verendus, verecundans, verecundus.
scamaloser impudens, infrunitus, procax.
scamalosi impudentia.

scamen confundi, crubescere, poenitere.
sih scamen vereri.
scantlih lugubris.
scharfer austerus, zelotes.
scazgiritha ambitio, avaritia.
sceltan lacessere.
sceltari querelosus.
sceron lascivire.
sciuhan terrere.
sconi laetus.
screchan instigare.
screcchen lascivire.
scrian plangere.
schuddan terrere.
ana scult gratis.
scuntan lactare, sollicitare.
scutilot horror.
scutisod trepidatio.
scutison depavere, horrescere.
slaafag piger.
slaffer deses, desidiosus, ignavus.
slaffi desidia, ignavia, pigredo.
slaffida acedia, inertia, pigritia.
sleht placitus, saevus, severus.
slehtida blandimentum.
slehtiu blandimenta.
slehtmot hilaris.
slithic saevus.
slihtan lenire, mulcere, palpare, permulcere.
slizzan saevire (slizzendi saevus).
slizzanti severitas.
slizzari saevus.
slizzen lacessere.
slizzendi vgl. slizzan.
slizzunka saevitia.
smalich impudens.
smerzunga poena.
smelzan mulcere.
smieren gaudere.
sneller alacer.
sochan appetere.
sohenti inquietudo, petulantia.
sohunga querela, questio.
soragen aestuare, ingemiscere, pigere, taedere (sorgenti sollicitus).
sorga angor, cura, diligentia, maeror, sollicitudo, suspectio (mit suorgon ni ratet nolite solliciti esse).
sorgen angere.
sorgenti vgl. soragen.
sorchaft sollicitus.
sorcsamer sollicitus.
sorcsemi sollicitudo.
spanan agitare, favere, illicere, lactare, sollicitare, stimulare, suadere.
spentæ caritas, dilectio.
spildi desperatio.
spiligern lascivus.
spililib lascivus.
spilon exultare, insanire, lascivire.
spotton iocari, iucundare.
staunga querela, querimonia.
stechon stimulare.
stehhunga apanstes livor.
sterchi aemulatio.
stirnilod stupor.
stiurri superbus.
stobaron obstupescere.
stolzer fastus, superbus.
stornenti attonitus.
s̄tornvnga stupor.
stoupan instigare.
stouon commoveri, conqueri, queri (stouuuones querelae).
stredan calere, fervere (stredanti fervidus, iracundus).
ceno stridunga stridor dentium.
strit aemulatio, questio.
stropolot horror.
stuckan lacessere.
sturni stupor.
sufton gemere, ingemiscere.

suht molestia, plaga.
suth querela, rabies.
mit suorgon ni ratet vgl. sorga.
suorcfol sollicitus.
suorcfulli sollicitudo.
suozi delectamentum.
suzlih avidus.
sverado dolor.
suuero dolor, molestia, plaga.
sveran dolere.
suuihhan scandalizare.

tagalton iocari, iucundare.
theoriner ferus.
topazunga energima, phrenesis.
tobehalmo furor.
tobentiger phreneticus.
topon bacchari, debacchari, furere, mente excidere, grassari, insanire, saevire (toponti amens, energumenus, furiosus, grassator, insanus, phreneticus).
tolc livor.
tollon lacessere.
trac ignavus, iners, piger, timidus.
ni trakan acediari.
uuunerdliho tragan indigne ferre.
tracheit acedia, desidia, inertia.
tragi ignavia.
tregunga taedium.
triu hilaris.
trostan blandiri, lactare, mulcere.
truabaler turbulentus.
sih truoban contristari, lacrimari, turbari.
truoben contristari.
truron contristari (get drurento estis tristes).
trurunga maeror.
trut deliciae.
tunchal tristis.
tuala taedium.
tualon pigritari.

uparazilu passio.
upardenchan contemnere.
uparhukan aspernari, contemnere, superbire.
ubarhuhet superbia.
uparhuetic superbus.
uparmoatlih elatus, iactans.
ubarmuati superbus.
ubarmuaton superbire.
uparmuoti animositas, elatio, superbia.
so uuer so iu ubilo gidue qui oderunt vos.
uhhizenti lugubris.
unpauhnic ignavus.
unplidhen contristari, tristari.
unplidhi tristis.
undanckes invitus.
undurftis gratis.
unerhaft impudens.
unforahtenti sine timore.
unfrauuan maerere.
unfreuuida maeror, tristitia (uneist iuer redina ioh iuer unfreuuida qui sunt hi sermones et estis tristes).
unfro contristatus, maestus, tristis, turbatus, vultuosus (unfrou coepit pavere et taedere, tristor).
unfroi angor, maeror, tristitia.
ungaumi ignavia.
vngerner invitus, minus libens.
ungiarnet gratuitus.
uncaparida fastidium.
ungidouuiger lascivus.
ungidult impatientia, laesio, passio.
uncadultic impatiens.
ungifergot gratis.
unkifori molestia.

unkihaba verecundia.
ungahiurer atrox, crudelis, trux.
ungichouftaz gratis.
ungamuoti acedia, pusillanimitas.
ungamuoti pusillanimis.
ungarchhom passionibus.
ungestomer lasciviens, petulans.
ungistuomi petulantia.
ungistuomigo arveigara insolescat.
unkitrasum trucis.
ungivuerida procacitas.
ungivuillig minus libens.
vngevurt acedia, taedium.
unhorsc iners.
unhuldi laesio.
unhurski inertia.
unchrefti molestia.
vnchuschi illecebra, impudentia.
unchusker impudens, impudicus.
ungusgida impudicitia.
unliumint furor.
unlust fastidium, horror, luxus, taedium (suuein unlust taedet).
unlustidon taedere.
mir unnis alles guates diligis me.
unroa vexatio.
unsalida dementia.
unsenfti molestia.
unsinnecheit dementia.
unsitu passio.
unscam impudens, impudicus.
unscama impudentia.
unscamager infrunitus.
unscamahaft inverecundus.
vnscamal impudens, infrunitus.
unscamali impudentia.
unscamalih impudens, infrunitus
unscamalin impudens, infrunitus, inverecundus.
unscamcheit impudentia.
mit mihileru unstati turbida et tumentia saeculi huius volumina.
unstillen insolescere.
unstiller desidiosus, lascivus.
unstilli petulantia.
unstillida acedia.
unstumig iratus, petulcus.
unsufarnussi illecebra.
vnsuuari piger, turbidus.
vntrost timor.
vnuuatlich tristis.
unuuerdliho tragan indigne ferre.
mit unuuerdnissu gotes contempta divinitate.
unwillig minus libens.
vnwillo nausea.
unwilloth nausea.
unwillon nauseare.
unwirdan indignari.
unuuirdi indignatio.
unuuistom pusillanimitas.
ist in unuuizzin vexatur.
unuullida ignavia, nausea.
unzaihanhaft iners, piger.
uozurnan aspernari, spernere.
urpunnun invidiam.
urpunst invidia.
urdreoz molestia.
urdreozan nauseare.
urdruzzi taedium.
vrdruzzisami fastidium, taedium.
urgauuida fastidium.
urkauuison fastidire.
urlust acedia, luxus.
urlustan taedere.
urmar superbus.
urmoat desperatus.
vrsinnecheit dementia.
ursinnig energumenus, saeviens.
vrsinnigi dementia, energima, furor.
uruuani desperatio.

uruuani desperatus.
uzerloccon elicere.

uuallan fervere.
vvalm fervor.
uualmenti furens.
uualugiri crudelis.
uualugirida crudelitas.
farauuun er uuanta vgl. farauua uuentan.
uuantalunga torsio.
uuare crudelis.
vuasser atrox.
uuaslih atrox.
uuegan permovere, sollicitare.
uuegislo afflictio.
vueigiri fastidium, superbia.
uueichan exagitare, mulcere.
uueihmuti pusillanimitas.
uueinon eiulare, flere, plangere (man gihorti uueinon vox audita est, ploratus et ululatus).
weinot eiulatio, planctus, rugitus, ululatus.
uuelalibi deliciae.
uuenaglich lugubris.
farauua uuentan timere (farauuun er uuanta timor irruit super eum).
weokisami fastidium.
uueraltkirida ambitio.
uuerfan irritare.
uernen vexare.
uuerran commovere.
vueuereta eiulavit, ululavit.
uueuuerhentiu eiulantes.
vuevuerunga eiulatus, ululamen.
uueuiroth rugitus.
uuidarmuater turbulentus.
uuidaron abhorrere, abominari, detestari, horrescere.
uuidarquetum atrocem.
uuidarruzzan abhorrere.
vuidarsiht invidia.
eines uuidaruuartlihemo hertuome unius tyrannica auctoritate.
uigantscafoht aemulabitur.
uigidunta aemulantes.
williger benignus, desideratus.
vuillisami fastidium.
uuilliondion vgl. vuullon.
uuillo affectus, voluntas, voluptas.
vuillod nausea.
vuillon affectare, desiderare.
uuinnan bacchari, eiulare, furere, lascivire, luxuriare (uuinnanti fervidus, phreneticus.
uuinnanti vexatio.
uuirthi reverentia.
vuirdig laetus.
wirserunga scandalum.
uuizzi poena, tormentum, torsio.
uuizzinon angere, cruciare, punire, vexare, zelare.
uuola deliciae.
vvolnusce voluptas.
wollust deliciae.
vvollvvilliger benignus.
uurenisc petulans.
uuuaflih lugubris.
uuullida desidia, nausea, pigritia.
wllinga nausea.
vuullon nauseare, trepidare (uuilliondion fastidiosis).
vvvnna deliciae.
uuunnelust luxus, voluptas.
uvnnisam voluptuosus.
uunnisami iucunditas.
uuunnisamon exultare, gaudere.
uuunskan adoptare, optare.
ferah uuunton pertransire animam.
wnter stupor.
uuof fletus, gemitus, luctus, planctus.
uuofan lacrimari, lamentare, ululare

(uuofanti luctuosus).
uuofantlih luctuosus.
uuoffan deflere, eiulare, lugere, plangere, plorare.
uuoft fletus, gemitus, luctus, poenitentia, querimonia.
uuolf luctus.
uuot amentia, furor, insania, saevitia.
uuotagi tyrannis.
uuotan aestuare, bacchari, debacchari, dementare, fremere, furere, grassari, insanire, insultare, perfurere, saevire (uuotenti amens, furibundus, furiosus, lascivus, phreneticus).
uuotanherz tyrannus.
uuoterimmer tyrannus.
uuotkrimmi rabies.
uuotgrimlih tyrannicus.
vuotig furiatus, furiosus.
uuotnissa dementia.
uuuotrich atrox, furibundus, truculentus, tyrannus.
vuotrihtuom tyrannis.
uuotunga energima, furia, furor, ira.

zag ignavus, pavidus, remissus.
zagaheit desidia, ignavia, pigritia (mina zagaheit mea tristia facta).
zagelich piger, remissus.
mit zaharin sie thio bigoz plorantem.
sih zaharin ninthabeta lacrimatus est.
zaihanlaz iners, piger.
zart deliciae, indulgentia, voluptas.
zartlust deliciae.
zartunga indulgentia.
zertan oblectare.
zeslizen lacessere.
zidruzzan taedere.
zichtiga zelotypia.
zoakaratan bilis, iracundia.
zorn commotio, dolor, fervor, furia, ignis, incendium, indignatio, insania, ira, molestia, vulnus, zelotypia, zelus.
zornag ardens, demens, fervens, fervidus, furibundus, turbidus, turbulentus.
zornlich turbidus.
zornmuot turbor.
zurdruzlich fastidiosus.
zuridruuida invidia.
zurlust acedia, fastidium, horror.
zvrlustan fastidire, taedere.
zurlustig fastidiosus.
zurlustison nauseare.
zurlustlich fastidiosus (zurlustlicher fastidit).
zurluston acediari, acide ferre.
zurnan ardere, dolere, fatigari, graviter ferre, indignari, infrendere, zelare.
zurnida fervor, ignis.
zurnunga fervor.
zuruuanenti desperare.
zuruuare scandalizatus.
zuruuarida scandalum.[1])

1) Die Deutung der einzelnen Bezeichnungen, sowie der Nachweis der Entwickelung der Wortbedeutungen muss einer besonderen Arbeit vorbehalten bleiben, die zugleich auf Grund dieser Deutungen den Umfang des Gefühlslebens in der althochdeutschen Zeit feststellen kann.

Lebenslauf.

Der Verfasser der vorliegenden Arbeit, ich Fritz Gustav Warfelmann, wurde am 10. November des Jahres 1882 zu Minden i. W. als dritter Sohn des Kaufmannes Joh. Warfelmann, evangelischer Konfession, geboren. Meine erste Schulbildung erhielt ich auf der städtischen Bürgerschule Mindens, in die ich Ostern 1888 aufgenommen wurde und der ich 4 Jahre lang angehörte. Ich wurde dann Schüler des dortigen Kgl Gymnasiums, das ich nach 9 Jahren mit dem Zeugnis der Reife verliess. Meine ersten 4 Semester war ich als stud phil. in Greifswald immatrikuliert. Von Ostern 1903 bis Ostern 1904 studierte ich in Marburg. Seitdem gehörte ich bis Michaelis 1905 wieder der Universität Greifswald an. Das Examen rigorosum bestand ich am 2. August 1905.

Meine Lehrer in der deutschen Philologie waren in Greifswald: Reifferscheid und Siebs, in Marburg: Vogt, Elster und Wrede.

Für meine wissenschaftliche Ausbildung bin ich besonders dem Geheimrat Herrn Prof. Dr. Al. Reifferscheid zu grossem Danke verpflichtet. Er regte mich auch zu der vorliegenden Arbeit an und gab mir oft mit Rat und Tat bereitwillige Hilfe.